Anmerkungen zur Umgebung

Christoph Bochdansky
Anmerkungen zur Umgebung

VERLAG
WORTREICH

Umschlag:
Ausschnitt aus dem Gemälde „*Abgetaucht*", 2013, Alice Haring,
Öl auf Leinwand, 80 x 180 cm, © Alice Haring
Illustrationen: © Christoph Bochdansky

1. Auflage 2015

Copyright © 2015 Verlag Wortreich
Alle Rechte vorbehalten
Grafische Gestaltung & Satz: Lukas Haring
Umschlag Bild & Gestaltung: Alice Haring
Illustrationen: Christoph Bochdansky
Lektorat: Johann Auer
Druck und Bindung: CPI books GmbH, Leck
Printed in Germany
ISBN 978-3-9503991-1-0

Informationen über das Verlagsprogramm und Veranstaltungen
www.verlag-wortreich.at

Mit Unterstützung des Bundeskanzleramts Österreich KUNST
und der Kulturabteilung der Stadt Wien.

BUNDESKANZLERAMT ▪ ÖSTERREICH

KUNST

Einige von den Geschichten haben Widmungsträger.
Da ich die Träger nicht um ihr Einverständnis gefragt habe, verstecke ich sie
hier hinter ihren Vornamen, die niemand entschlüsseln kann.

Widmungsträger sind:

Angelika, Andi, Arno, Charles, Charlotte, Christian, das bucklige
Männchen, Elfriede, Ernst, Frosch, Hans, Heinz, Holzscheit,
Johann Wolfgang, Marco, Martin der Heizer, Michael,
Norbert, Ödön, Rosi, Werner, Witold.

Anmerkungen zur Umgebung

Die Sichtweite ist das Längenmaß der Umgebung.

Alles, was außerhalb der Sichtweite liegt, zähle ich nicht mehr zur Umgebung, es kann daher unter nah und fern oder weit und breit eingeordnet werden.

All meine hier versammelten Anmerkungen zur Umgebung beziehen sich auf Sichterfahrungen.

Das heißt, ich habe mir vor Augen geführt, was so sein kann.

Was so sein kann, habe ich in 5 Gruppen eingeteilt:

1. Widerstand und Aufbegehren
2. Verloren
3. Gewonnen
4. Paare
5. Immer voran

Innerhalb dieser 5 Gruppen befinden sich 2 Trilogien:

1. Die Hans Trilogie
2. Die Holzscheit Trilogie

Eine Episode aus der Serie „Robinson Crusoe" steht jeweils vor dem Beginn einer Gruppe.

Zeichnungen ergänzen die kleinen Geschichten, weil sie auf ihre Weise sichtbar machen, was ich nicht sagen kann.

Inhalt

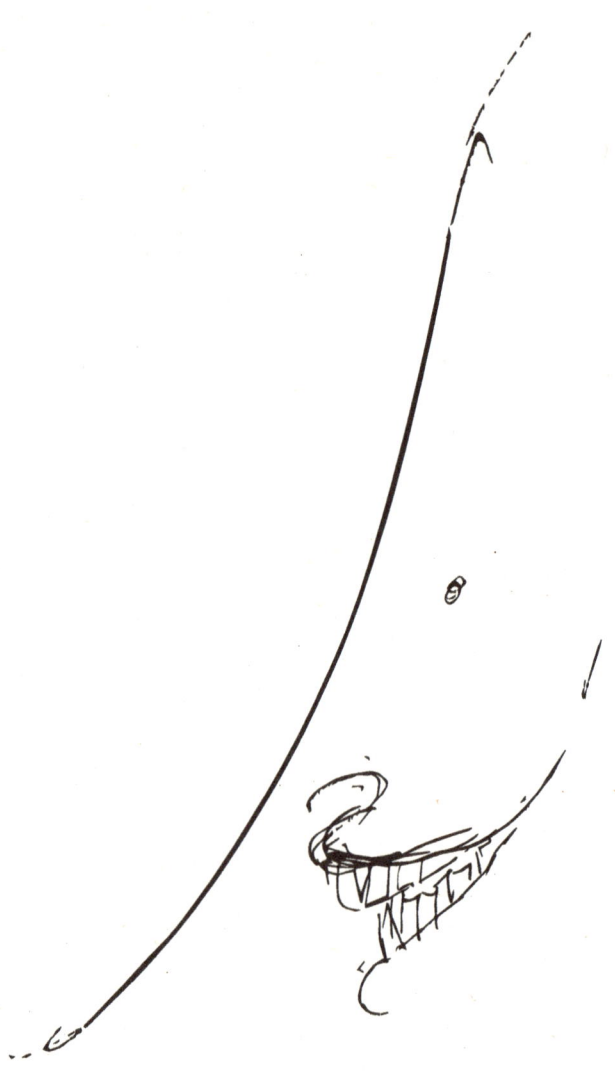

Er erzählt andauernd solche Robinson Geschichten.

Robinson Crusoe 1

Robinson Crusoe war wieder einmal auf eine Insel gespült worden.

Alle Einheimischen versteckten sich, als sie diesen Fremden an ihrem Strand sahen.

Damit nicht gleich alle umkommen, wenn der Fremde gefährlich oder brutal sein sollte, bestimmten sie einen, um zu Robinson Crusoe zu gehen.

Als Robinson den Einheimischen sah, sagte er:

„Ich Robinson – du Freitag."
Der Einheimische nickte.
Robinson sprach weiter:
„Ich weiß viel und du weißt wenig, daher bist du Diener und ich der Herr."

Da kamen alle Einheimischen angelaufen und warfen Robinson Crusoe im hohen Bogen weit ins Meer hinaus.
Sie lachten und riefen ihm zu:
„Wir alle dienen dem Meer, die Insel ist der Ort der Diener und das Meer ist der Ort der Herrschaft".

Robinson Crusoe war das alles sehr peinlich, er sprach nie darüber und hat auch in seinem Buch nichts davon erwähnt.

1. Gruppe

Widerstand und Aufbegehren

Der Bussard 1.Teil

Der Bussard, der neben der Autobahn sitzt, er hat sich nicht verändert.

Es ist ihm auch egal, ob nun tausende Autos oder ein Ochsenkarren an ihm vorbei ziehen.

Wir sollten uns schämen, so launisch zu sein und einmal mit den Ochsenkarren und dann mit tausenden von Autos an ihm vorbei zu fahren.

„Lieber Bussard." Sag ich zu ihm.

„Es tut mir leid, wir Menschen können nicht anders, unser Wesen ist so überspannt, dass wir uns immer wieder neue Moden einfallen lassen müssen. Wir zeigen uns andauernd in einem anderen Gewand.

Wir können nicht, so wie du, ruhig da sitzen, die Landschaft betrachten und warten, bis eine Maus auftaucht.

Wenn wir ruhig da sitzen, dann fangen uns die Nerven an zu zucken und zu flattern.

Wir müssen immer erfinden und machen.

Du hast dir vor langer Zeit deine Jagdwaffen angeeignet und seither verwendest du sie. Für dich besteht kein Zwang, etwas zu verändern. Wie oft haben wir unsere Waffen verändert. Ganz nervös blicken wir uns nach jeder Verbesserung um."

Er hört mir zu und sieht mich an, lang und geduldig.

Ich bin nicht so geduldig und rede weiter, noch bevor der Bussard was sagen kann:

„Wir Menschen sind nicht so wie du. Aber ich will so sein wie du."

Der Bussard lässt sich Zeit, dann sagt er zu mir:

„Na gut, wenn dir schon so viel daran liegt, die Lebensart der Bussarde kennen zu lernen, so will ich dir zeigen, wies geht."

Mit einem kräftigen Ruck stößt er sich ab und fliegt davon.

Ich schau ihm nach, mehr kann ich nicht tun.

Hoch in der Luft bemerkt der Bussard, dass ich ihm nicht folge, er dreht um und fragt mich:

„Was ist los, wieso kommst du nicht?"

„Wie soll ich dir nachkommen, ich kann doch nicht fliegen."

Er blickte auf meine Arme und grinst:

„Ja, ja ich seh, mach dir nichts draus.

Ich kann aber nicht so langsam fliegen, wie du gehst, ich werde dir den Weg markieren. Du wirst die Zeichen finden.

Folge mir."

Als Zeichen finde ich geknickte Äste.

Geknickte Äste, immer so hingelegt, dass die Spitze die Richtung angibt.

Es liegen auch von Spaziergängern oder vom Wind geknickte Äste herum,

aber der Unterschied ist deutlich zu sehen.

Man kann ja auch eine bekannte Handschrift von allen anderen Handschriften leicht unterscheiden.

Ich folge den Zeichen.

Die Zeichen führen mich zu einem Pflock.

Einfach nur ein Pflock.

Vielleicht war der Pflock einmal Teil eines Zauns.

Aber den Zaun gibt es nicht mehr, nur noch den Pflock.

Vielleicht war der Pflock auch einmal ein Wegweiser oder es war an ihm ein Schild mit Hinweisen oder Verboten angebracht.

Aber der Pflock weist auf nichts mehr hin und verbietet auch nichts.

Auf dem Pflock liegen einige geknickte Äste.

Ich bin nun schon geübt, die geknickten Äste des Bussards zu lesen, und verstehe sofort.

Diese geknickten Äste heißen:
Ich komme gleich.

So nah wird mich kein Bussards jemals wieder an sich heran lassen, da bin ich mir sicher.

Ich setze mich in die Wiese, lehne mich an den Pflock und warte.

Ich sitz ganz oben auf einem Hügel.

Ich sehe auf einen Weg hinunter.

Der Weg mündet in eine Straße, die führt in ein Dorf.

Zwei Männer verlassen das Dorf.

Sie gehen die Straße entlang und dann in den Weg hinein.

Sie verschwinden in einem kleinen Waldstück und tauchen dahinter wieder auf. Ich kann die Männer nicht hören, kann aber sehen, dass sie streiten. Sie fangen an, sich zu prügeln.

Das geht mich nichts an, ich kann hier nicht weg. Was, wenn der Bussard zurück kommt, ich würde ihn versäumen.

Der eine Mann schlägt den anderen zu Boden, er tritt ihn, bis er sich nicht mehr rührt.

Der eine steht, der andere liegt.

Der eine geht weg, der andere bleibt liegen.

Ich bleib sitzen, lehn mich an den Pflock, ich kann hier nicht weg, es ist mir viel wichtiger, den Bussard zu treffen.

Ich richte mich auf, schau hinunter. Der Mann liegt immer noch da.

Wenn ich zu ihm hinunter gehe, könnte ich den Pflock im Auge behalten und mich jederzeit bemerkbar machen, wenn der Bussard kommt.

Ich geh, dreh mich immer wieder um, schau in die Luft, der Bussard kommt nicht.

Ich steh vor dem Mann. Ich beuge mich zu ihm hinunter:

„Hallo, hallo, können Sie mich hören?"

Ich rüttle ihn, er öffnet seine Augen:

„Du hast mir nicht geholfen, hast nur zugeschaut und gewartet. Bist du ein Tier? Hast du nichts Menschliches in dir?"

Ich will ihm aufhelfen, er wehrt sich:

„Lass mich in Ruh, ich brauche deine Hilfe nicht."

Mühsam steht er auf und schleppt sich den Weg zurück ins Dorf.

Ich geh zu meinem Pflock zurück.

Ich sehe den Mann, wie er in das kleine Waldstück hinein humpelt und wie er dahinter wieder heraus kommt. Der andere Mann hat ihm aufgelauert und schlägt nun mit einem langen Prügel noch einmal auf ihn ein. Ich schreie, schrei so laut ich kann. Es ist sinnlos.

Ein Polizeiauto fährt mit Blaulicht aus dem Dorf, nach einer kurzen Verfolgung fangen die Polizisten den Mann und zerren ihn in das Polizeiauto.

Ein Polizist geht zu dem Mann, der am Boden liegt, der steht nicht mehr auf.

Kurz später kommt eine Ambulanz, zwei Männer in Rotkreuzuniform legen den Mann in einen Leichensack und heben ihn ins Auto.

Ich mach mir Gedanken.

Auch wenn ich fliegen könnte, wäre ich nicht schnell genug bei dem Mann gewesen, weder das erste noch das zweite Mal.

Ich mag diesen Mann mit seinen Vorwürfen nicht.

Jetzt ist er tot.

Ich mag ihn trotzdem nicht.

Ich bemühe mich, alles zu vergessen.

Ich möchte nur, dass der Bussard kommt.

Der Bussard 2. Teil

Ich bin noch immer bei diesem Pflock, der auf nichts hinweist und nichts verbietet.

Ich versuche, auf diesen Pflock hinauf zu steigen.

Es ist nur eine Laune, die mich dazu treibt.

Es ist gar nicht leicht, auf diesen Pflock zu steigen, ich falle immer wieder herunter, aber schließlich gelingt es mir und ich kann auf dem Pflock stehen. Nur auf einem Bein selbstverständlich, beide hätten auf dem Pflock auch gar nicht Platz.

Ich lerne noch mehr Kunststücke.

Ich kann jetzt ohne Probleme in die Höhe springen und wieder auf dem Pflock landen. Ich kann das auch, wenn ich eine ganze Drehung um meine eigene Achse mache und nach einiger Zeit auch mit zwei Drehungen.

Ich habe mir nun eine ganze Abfolge von Kunststücken beigebracht.

Das wäre eine richtige Zirkusattraktion.

Ich bin stolz darauf, ich glaube sogar, ich war noch nie so glücklich.

Eine Gruppe von Spaziergängern kommt vorbei. Wir haben ein nettes Gespräch. Da ich schon so lange alleine bei diesem Pflock sitze, ist mein Bedürfnis nach einem Gespräch groß. Bevor sie weiter gehen, zeige ich ihnen noch meine Kunststücke. Sie sind begeistert und sagen, ich soll mehr daraus machen, ich würde damit sicherlich sehr viel Erfolg haben.

Wir machen noch ein paar Scherze über meinen Erfolg, dann sind sie weg und ich denke nicht mehr an die Spaziergänger.

Ich schau mich nach dem Bussard um.
Ich sehe ihn.
Ich winke.
Er fliegt weiter.
Das gibts doch gar nicht!
Ich spring auf meinen Pflock und mach meine Kunststücke.
Der Bussard dreht um.
Ich mach mein volles Programm, der Bussard dreht über mir seine Kreise.
Dann springe ich vom Pflock, um ihm Platz zu machen, er landet und sagt:
„Nicht schlecht.
Du bist ein ausgezeichneter Pflockkünstler, aber mit Bussarden kennst du dich überhaupt nicht aus. Du musst lernen, uns zu unterscheiden. Ich bin nicht der Bussard, mit dem du geredet hast. Wir kennen uns nicht, aber Gratulation, deine Aufführung war großartig."

Meine Stimmung ist miserabel.
Ich lege mich nieder, schlafe ein.

Als ich aufwache, kommt ein Duft aus meinem Maul.
Wääääääääääääääääääähhhhhhhh!

Würde dieser Duft lebendig werden, er wäre eine Bestie, die in ihrem Umkreis keinen überleben ließe.

Ich mache mein Maul sofort zu, um diese Bestie nicht raus zu lassen.

Ich spüre etwas in meinem Mund und schluck es. Habe ich die Bestie nun verschluckt?

Jetzt komme ich langsam zu mir und schaue mich um. Neben mir liegen ein paar tote Mäuse.

Bussarde mögen vielleicht etwas spröde in ihrer Kommunikation sein, aber sie sind sehr fürsorglich.

Der Bussard sitzt auf dem Pflock.

Er lacht.

Er springt von einem Bein auf das andere und kann kaum aufhören zu lachen.

Ich bleibe sitzen und warte bis er sich beruhigt hat, dann sagt er:

„Als Mensch magst du zwar ein Erwachsener sein, aber als Bussard bist du noch ein Baby und so habe ich dich mit einer Maus gefüttert, wie es ein Bussardbaby braucht."

„Danke!"

Sage ich beleidigt.

Der Bussard fliegt weg.

Meine Kunststücke haben sich herum gesprochen, ich bin jetzt eine Attraktion und ein Ausflugsziel.

Der Bussard 3.Teil

Meine Freundin kommt.

Ich freue mich sehr, sie zu sehen.

„Es war gar nicht leicht, dich zu finden." Sagt sie.

Sie hatte zufällig Spaziergänger getroffen, die ihr von einem lustigen Kerl, der Kunststücke auf einem Pflock macht, erzählten.

Sonst hätte sie mich gar nicht gefunden.

Sie schweigt, dann sagt sie:

„Wieso hast du mich sitzen lassen?"

„Entschuldigung."

Sag ich und erzähle ihr von dem Bussard und von dem Mann mit den Vorwürfen, der jetzt tot ist.

Ich erzähle ihr von den tollen Kunststücken, die ich gelernt habe, und dass es im Moment richtig gut läuft mit den Kunststücken und dass ich schon zu einem richtigen kleinen Ausflugsziel geworden bin.

Dann sagt sie:

„Komm mit mir zurück."

„Ich muss aber noch auf den Bussard warten."

Sie geht.

Ich schau ihr nach, sie dreht sich gar nicht mehr um.

Sie hat sich nicht einmal verabschiedet.

Kurze Zeit später stürze ich bei einer meiner Aufführungen vom Pflock.

Im Fallen sehe ich den Bussard.

Er fliegt knapp über mir und schreit mir etwas zu.

Ich versteh es nicht.

Er sieht es mir an, dass ich ihn nicht verstehe und schreit nochmals.

Es könnte heißen:

„Fliege!"

Ich verstehe ihn aber nicht.

Ich stürze nicht weiter.

Ich hänge in der Luft.

Spaziergänger kommen, sagen nur:

„Oh, der mit den lustigen Kunststücken ist weg."

und gehen weiter.

Sehen sie mich denn nicht!

Wie komme ich da wieder raus?

Noch einmal gehts auf einen Hügel.
Hügel sind entspannter als Bergspitzen.
Auf eine Bergspitze zu gelangen, ist schon eine große Tat.
Ein Hügel hat im Gegensatz zur Bergspitze den Vorteil, dass man noch frisch genug ist, um sich eine große Tat vorzunehmen.

Eine Vorbemerkung noch:
Wenn wir übertreiben, singen wir die schönste Sinfonie.

brüllen

Ein Mann in seinen schönsten Kleidern geht auf einen
hübsch gelegenen Hügel hinauf.
Er will sich hier die Seele aus dem Leib brüllen.
Seine Absicht ist es, damit die Existenz der Seele zu
beweisen. Im Leib ist die Seele nicht zu finden und daher
nicht beweisbar, aber wenn sie erst einmal heraus geschrien
ist und für alle sichtbar, dann ist die Sache klar.
Die schönen Kleider hat er angezogen, damit er auf seine
Seele einen guten Eindruck macht, wenn sie ihn das erste
Mal von außen sieht.

Er brüllt, so laut er kann und noch etwas mehr.
Doch, dann:
So als hätte er das falsche Register gezogen, erwischt er
nicht seine Seele,
sondern brüllt sich selbst aus seinen schönen Kleidern
heraus.
Kurz tragen sich die Kleider wie von selbst, dann fallen sie
zusammen und liegen zerknittert im Dreck.
Er hat sich selber einfach weggebrüllt.
Aber wohin?

Bist du eine Seele?

Oder du?

mein Polster

Ich lieg in meinem Bett und kann nicht einschlafen.

Ich dreh mich hin, ich dreh mich her, aber ich kann nicht einschlafen.

Ich frage meinen Polster, ob er ein paar nette Träume für mich hätte, und da ich gerne unterwegs bin, möchte ich von einer Fernreise träumen.

Ich stelle ein offizielles Ansuchen an meinen Polster und überbringe ihm einen korrekt ausgefüllten Antrag auf eine Auslandsreise.

Mein Polster fragt mich:

„Auslandsreise, was meinst du damit?"

Ich sag ihm:

„Verstehst du nicht?

Ich will träumen von fernen Ländern, von exotischen Landschaften.

Etwas Erholung, ein paar kleine Freuden nach einem anstrengenden Tag."

Mein Polster ist ein dicker, fauler Zöllner.

So wie früher die in Russland, die wussten auch nicht, was sie da bewachen. Hauptsache, es kommt niemand rein und niemand raus.

Er will mich nicht einreisen lassen.

Ich sag zu meinem Polster:

„Lass mich doch hinein in einen Traum!

Ich gebe dir neue, frische Daunen."

Mein Polster schaut nur zerknittert.

„Einen neuen Überzug?"

Mein Polster bleibt stumm.

„Der Überzug soll auch wunderhübsch bestickt sein, mit einem Alpenpanorama, Gipfelkreuz und einem röhrenden Hirschen oben drauf."

Mein Polster zögert, er überlegt.

„Hirschbild?"

Ich antworte:

„Ja, klar, ein Hirsch im Wald an einem Teich, der Hirsch röhrt."

Mein Polster:

„Ein röhrender Hirsch?"

Ich mache ein ernstes Gesicht und nicke.

„Gut – Antrag bewilligt."

Sagt mein Polster, der alte Zollwächter.

Er schaut noch streng und wartet, bis ich im Traum verschwinde.

Weiße Strände, Palmen mit Kokosnüssen, Affen springen auf den Palmen hin und her, Südseemädchen, die für mich tanzen.

Sonnenuntergang in der Karibik.

Ich klettere auf die höchsten Berge, blicke über endlose Bergketten und rede perfekten Dialekt mit den urigsten Bergbewohnern.

Ich gehe auf Großwildjagd in Afrika und erlege die gefährlichsten Bestien.

Es ist großartig!

Am nächsten Morgen schaut mich mein Polster wieder zerknittert an.

Ich sage zu ihm:

„Was hast du?

Das war großartig letzte Nacht."

Er antwortet:

„Ich weiß, aber ab nun werde ich die Einreisebestimmungen ändern."

Ich sag nichts mehr, denke mir nur:

Alter Grantsack.

Pinocchio
Holzscheittrilogie 1. Teil

Pinocchio war ein Holzscheit.

Ein Holzscheit, das sich einbildete, leben zu wollen und dem es gelang, einen alten Mann zu überzeugen, ihn als kleinen Jungen auf die Welt zu bringen.

Eine zu alte Mama, die noch dazu ein Mann war.

Aber alles was leben will, soll doch auch ein Leben bekommen. Wieso auch nicht.

Wollen wir das Holzscheit verrückt nennen, weil es ein kleiner Junge sein will?

Wer da sagt, alles nur Lüge, den nenne ich einen groben Holzklotz und schnitz ihm eine lange Nase.

Kleines Lamento über die Welt

Die Welt dreht ohne auszuruhn,
Sie hat ja sonst nicht viel zu tun,
Was bleibt mir da noch groß zu sagen,
Ich dreh mich mit – mit Unbehagen.

Die Welt dreht ohne auszuruhn,
Sie hat ja sonst nicht viel zu tun,
Doch möchte ich ihr nun etwas sagen,
Hab dir was Bessres vorzuschlagen.

Oh Welt stopp doch dein ewig kreisen,
Und lass uns miteinand´ vereisen,
Genug gedreht, ich ruf es aus
Und fahr mit uns ins All hinaus.

Die Welt feiert ohne uns.
Sie hat sich zwei alte Freunde eingeladen.

die Tasse

Eine Tasse treibt mitten auf dem Ozean.

Was macht so eine kleine Tasse mitten im Ozean?

Die Tasse ist aus feinstem Porzellan und über und über mit Rosen bemustert.

Der Ozean ist ganz still und bewegt keine Welle.

Er kann auch ganz anders, aber im Moment will er nicht und liegt einfach nur ruhig da.

Die Tasse ist wirklich ein lustiges Schiffchen.

Wie kommt sie hier her, wie hat sie es geschafft, so weit heraus zu kommen?

Sie treibt so munter auf diesem stillen Ozean herum.

Ein klein wenig schaukelt sie.

Es schaut fast so aus, als würde sie tanzen.

Sie tanzt, als hätte sie etwas zu feiern.

Was feiert die Tasse?

Sie ist wirklich ein schönes, zartes und erlesenes Stück Porzellan und die Rosen, von Hand gemalt.

Weit und breit nur glatter Ozean.

Ein Schiff ist untergegangen und die Tasse feiert, dass sie die einzige Überlebende ist.

Morgen werden wir alles über diesen Schiffsuntergang erfahren. Jede Einzelheit des Unfalls, nur nichts über die Tasse.

Sie ist nicht die Hauptfigur dieses Unglücks.

Jetzt hüpft sie heftiger, zu heftig, zu zügellos.

Vorsicht!

Etwas Wasser schwappt in die Tasse, sie füllt sich und sinkt.

Sie sinkt in einen unheimlich tiefen Ozean.

Die Tasse, mit all ihren Rosen in diesem riesigen blauen Wasser.

Unglaublich.

Mich haben Unglücke nie interessiert, wieso auch?

Ich habe mir die Tasse aus dem Ozean geholt und werde morgen meinen Frühstückskaffee aus dieser feinen Rosentasse trinken.

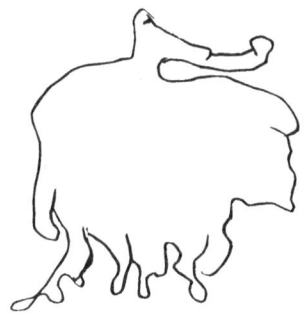

Der Sieg bleibt allein. Widerstand und Aufbegehren verlassen ihn.
Die beiden brauchen keinen Sieg. Ich rufe ihnen nach:
„Ihr seid doch so berühmt für euer verstecktes Auftauchen.
Ich erwarte euch – jederzeit!"

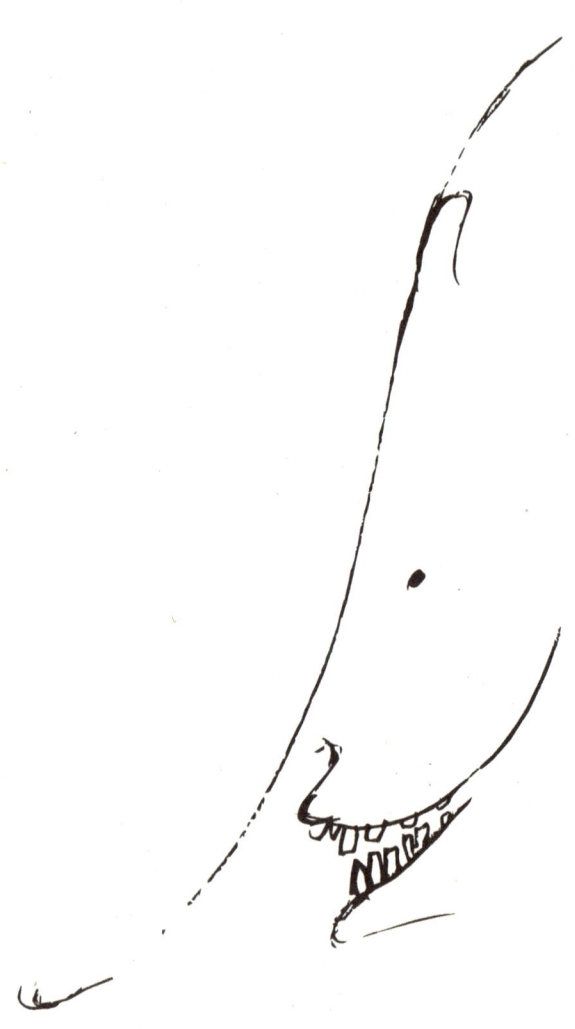

Er wieder.

Robinson Crusoe 2

Robinson Crusoe war wieder einmal auf eine Insel gespült worden.

Alle Einheimischen versteckten sich, als sie diesen Fremden an ihrem Strand sahen.

Robinson Crusoe sagte:

„Hallo ihr Einheimischen. Ihr müsst keine Angst haben, ich bin in Not und brauche Hilfe."

Die Einheimischen fragten ihn:

„Was ist denn Hilfe?"

Robinson Crusoe antwortete:

„Hilfe ist, zu geben was der andere braucht."

Den Tipp fanden die Einheimischen gut und zogen ihm sein letztes Hemd und auch die Hosen aus.

Sie dachten, das soll er ihnen geben, das können sie gut gebrauchen. Dann warfen sie Robinson Crusoe im hohen Bogen weit ins Meer hinaus.

Die Einheimischen stritten sich nun um Hemd und Hose.

Wenn sich einer die Kleider erkämpft hatte, schrie er laut „Hilfe", um zu sagen, ich habe jetzt, was ich brauche.

Dann kam ein anderer, erschlug den vorherigen Träger und zog sich Hemd und Hose an und schrie „Hilfe", um zu sagen, ich habe jetzt, was ich brauche.

Hilfe, Hilfe, Hilfe, Hilfe und bald war die Insel menschenleer.

Robinson Crusoe war das alles sehr peinlich, er sprach nie darüber und hat auch in seinem Buch nichts davon erwähnt.

2. Gruppe

verloren

beleidigt

Die Einen sind beleidigt, weil sie keine Ehrengäste sind, deshalb gehen sie nicht hin und bleiben zu Hause.

Die geringeren Ehrengäste sind beleidigt, weil sie keine Ehrenplätze in der ersten Reihe erhalten, deshalb bleiben sie auch zu Hause.

Die Ehrengäste, die Ehrenplätze in der ersten Reihe haben, die sind jetzt auch beleidigt, weil sie alleine auf den Ehrenplätzen sitzen und sonst niemand im Saal ist.

Sie gehen selbstverständlich sofort nach Hause.

Die Darsteller treten auf, aber es ist niemand da, jetzt sind sie auch beleidigt und gehen nach Hause.

Alle sind jetzt zu Hause.

Niemand geht mehr weg. Und Ehrengäste gibts keine mehr.

Ehre, wem Ehre gebührt.

Sie bildet sich was ein auf den Ring über ihrem Kopf,
ihn macht das fuchsteufelswild.

finstere Geschichte

Das wird nun eine finstere Geschichte.

Sehet Euch vor!

Ich hatte einen Mord begangen.

Aus gutem Grunde, wie ich meine.

Mit meiner Axt hatte ich ihn erschlagen.

Aber …

reden wir nicht mehr darüber.

Das ist alles schon so lang her.

Die Zeit vergeht und man vergisst.

Reden wir doch von etwas anderem.

Reden wir von Zufällen.

Zufällig sagt man das und das, und danach passiert dieses und jenes.

Weil:

Worte sind mitunter Verstecke und in manchen Worten versteckt sich ein Zauberspruch.

Dieser Zauberspruch wirkt, wenn man das Wort auf eine bestimmte Art und Weise ausspricht.

Eben die einzig richtige Art und Weise.

Ich beherrsche diese Kunst nicht, ich glaube niemand beherrscht diese Kunst.

Es ist alles nur Zufall.

Zufällig sagt man ein Wort in dieser einzig richtigen Art und Weise und der Zauber wirkt.

Finster ist so ein Wort, da steckt „finis terre" drinnen, das Ende der Welt.

Und vom Ende der Welt weiß man, dass es dunkel ist, eben finster. Wir sagen finster und denken nichts Schlimmes, sagen aber jedes Mal, wenn wir es aussprechen – das Ende der Welt.

Schau nicht so finster = *schau nicht so wie das Ende der Welt.*

Im Finstern tappen = *am Ende der Welt herumtappen.*

Ein finsterer Geselle = *ein Geselle vom Ende der Welt.*

Ich war irgendwo, hatte irgendwas zu tun und es war mitten in der Nacht. Das ist alles nicht so wichtig, wichtig ist nur, dass ich gesagt hatte:

„Ui, da ist es finster."

Und es war perfekt, es war genau in der einzig richtigen Art und Weise ausgesprochen.

Der Zauber bewirkte, dass die Finsternis höchst persönlich zu mir kam, aber ich Depp erkannte sie nicht.

Zwei helle Flecken im Dunklen wurden zu Augen, ein leichtes Flirren wurde zu Mund und Nase.

Es war die Finsternis, sie fragte:

„Wieso rufst du mich?"

Die Finsternis drehte sich um mich herum, ich drehte mich mit ihr:

„Wer bist du?"

Der Finsternis schien es Spaß zu machen, mich herum zu drehen:

„Du hast mich gerufen?"

Ich:

„Ich hab niemanden gerufen."

Die Finsternis drehte etwas schneller:

„Wer mich ruft, ruft mich für immer."

Ich:

„So ein Quatsch, lass mich in Ruh."

Ich blieb stehen.

Nun hatte ich das Gefühl, als würde mich die Finsternis in einen Schleier wickeln, dann sagte sie ganz freundlich:

„Ich lass dich nimmermehr in Ruh, du hast nur noch eine Möglichkeit, mich los zu werden. Nennst du mich bei meinem richtigen Namen, dann muss ich gehen.

Dreimal darfst dus versuchen."

Ich hatte genug, wollte gehen und sagte:

„Nichts bist du, du bist nur dunkle Nacht."

Das amüsierte sie:

„Das ist dumm und falsch ists obendrein."

Die Finsternis hörte auf, sich um mich herum zu drehen und blieb vor mir stehen.

Ich wollte nach ihr greifen, das war unmöglich, ich konnte meine Arme nicht mehr bewegen. Ich war fest in ihrem Schleier eingewickelt und schrie sie an:

„Du nennst mich dumm, dann nenn ich dich noch dümmer!"

Die Finsternis wurde nun richtig zärtlich:

„Noch dümmer – nein, so heiß ich auch nicht.

Zum zweiten Mal hast du falsch geraten.

Pass auf, nur noch einmal kannst du versuchen, mir zu entkommen."

Ich wurde wütend:

„Lass mich in Ruh oder ich erschlage dich mit meiner Axt."

Jetzt machte die Finsternis große Augen, das hatte sie nicht erwartet.

Ich war von ihr vollkommen eingewickelt, konnte mich nicht mehr rühren und drohte ihr.

Das erstaunte sie.

Sie sah mich an, dann wurde sie wieder ganz zärtlich:

„Die Axt, die Axt, die schöne Axt, du hast sie bei dir, wie schön. Lass sie nimmer los, halt sie fest, sie wird nun immer bei dir sein."

Ich fühlte mich großartig:

„Die Axt ist gut und ich bin kräftig.

Wenn mich was stört, dann hau ich drein, wär nicht das erste Mal, also pass auf."

Die Finsternis war begeistert:

„Ich weiß, ich weiß und deshalb hab ich dich so gern.

Mein schönstes Kleid habe ich mir angezogen, ich trag es für dich."

Eingewickelt und ohne eine Möglichkeit, mich zu bewegen, fühlte ich mich trotzdem überlegen:

„Nun ist es gut, lass mich gehen, sonst erschlag ich dich."

Die Finsternis hauchte mir ins Gesicht:

„Wer glaubst du denn, wer ich bin, dass du mich erschlagen kannst?"

„Du bist doch nur ein mickriger Floh."

„Floh? Du nennst mich Floh?"

„Jaaa!"

„Das war dann wohl das dritte Mal."

Nun bemerkte ich erst, wie hübsch sie angezogen war:

„Das Kleid ist hübsch.

Ich will auch so ein hübsches Kleid."

Die Finsternis löste meine Fesseln und nahm den Schleier von mir ab:

„Ich erfüll dir deinen Wunsch, du bekommst dein hübsches Kleid, denn jetzt gehörst du mir."

Ich trage nun dieses hübsche Kleid, es steht mir ausgezeichnet.

Schade nur, dass man es kaum sieht, es ist ja auch alles dunkel hier, so dunkel hier:

So dunkelschön, so gruselschön, aber mein lieber Zustand ist es nicht.

Mir geht es gut, meine Axt hab ich dabei und schlag zu, wann immer es die Finsternis von mir fordert.

Ich stehe zur Verfügung.

Sehet euch vor!

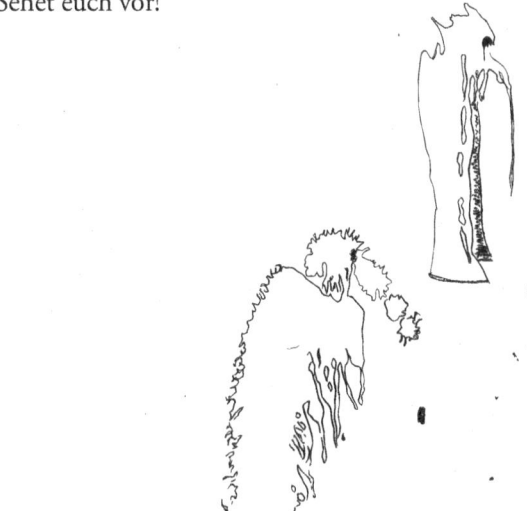

Welchen von den beiden halten Sie für den krummeren Hund?

sitzen

Ich sitze auf meinem Bett und schau aus dem Fenster.

Plötzlich geht so ein Totenkopfmann durch mein Zimmer.

Ein Skelett, alles nur Knochen und zu allem Überfluss hat er einen dünnen Mantel an.

Wieso braucht ein Skelett einen dünnen Mantel?

Ein Skelett friert doch nicht und dieser dünne Mantel, der nützt doch sowieso überhaupt nichts.

Der Totenkopfmann kommt auf mich zu, schaut mich an und klappert mit den Zähnen.

Ich habe Angst, spring vom Bett runter und drück mich in eine Ecke hinein.

Der Totenkopfmann wirft seinen Mantel auf mich drauf.

Er schaut mich an und sagt:

„Leck mich am Arsch."

Der Totenkopfmann legt sich auf mein Bett und, als würde er von einem versteckten Lift abgeholt werden, verschwindet er in meinem Bett.

Ich zieh den Mantel von mir runter – ekelhaft.

Geh zu meinem Bett, kein Lift ist zu finden.

Mein Bett ist mein Bett. Alles wie zuvor.

Ich setz mich wieder auf mein Bett und schau aus meinem Fenster.

Da ist schon wieder so ein Totenkopfmann.

Ohne, dass er noch was getan hat, habe ich schon Angst und verkriech mich in meine Ecke.

Er stellt sich vor mich hin und obwohl ich kein Wort sage, brüllt er mich an:

„Halt du nur dein Maul!

Leck mich am Arsch!"

Er schmeißt seinen dünnen Mantel auf mich und legt sich auf mein Bett.

Wie vorher kommt der unsichtbare Lift und der Totenkopfmann verschwindet in meinem Bett.

Wieso sind die so schlecht gelaunt?

Ich müsste schlecht gelaunt sein.

Die kommen in mein Zimmer, ohne zu fragen oder anzuklopfen.

Und was wollen die in meinem Bett?

Ein dritter, ein vierter, ein fünfter Totenkopfmann kommt.

Sie beschimpfen mich, schmeißen ihre Mäntel auf mich und verschwinden in meinem Bett.

Die kommen, wie es ihnen passt.

In mein Zimmer.

Was soll das?!

Ich hebe die Bettdecke hoch und brüll in mein Bett hinein:

„Ja nehmt doch wenigstens eure Mäntel mit!

Was soll ich mit eurem Zeug!

Schmeißt euren Mist wo anders hin!

Soll ich euch den Dreck noch nachtragen?

Leckt ihr mich doch am Arsch!"

Wie ein kleiner Vulkan ist nun mein Bett und schleudert einen Totenkopfmann nach dem anderen heraus.

Sie hängen sich mit ihren kralligen Knochenfingern an mich dran und schreien mich an:

„Was fällt dir ein, so herum zu brüllen!"

So klein bin ich, so klein und verkrieche mich wieder in meine Ecke.

Einer von denen stellt sich vor mich hin und sagt ganz ruhig:

„Wir können auch ganz anders."

Danach legen sie sich einer nach dem anderen auf mein Bett und verschwinden mit diesem versteckten Lift.

Manchmal, wenn ich auf meinem Bett liege und ganz still bin, höre ich sie lachen – ganz weit unten.

So eine Gemeinheit.

Ist doch wahr.

Eine Unordnung machen die.

Das muss doch nicht sein, überall liegen die Mäntel herum.

Ich hebe die nicht auf, ich mach das nicht.

Jetzt sitz ich in meinem Zimmer, auf meinem Bett, schau aus meinem Fenster.

Ich geh nicht mehr raus.

Das Fenster ist zu.

Die Tür ist auch zu.

Alles zu.

Alles richtig gut zu.

Hier geht niemand mehr raus.

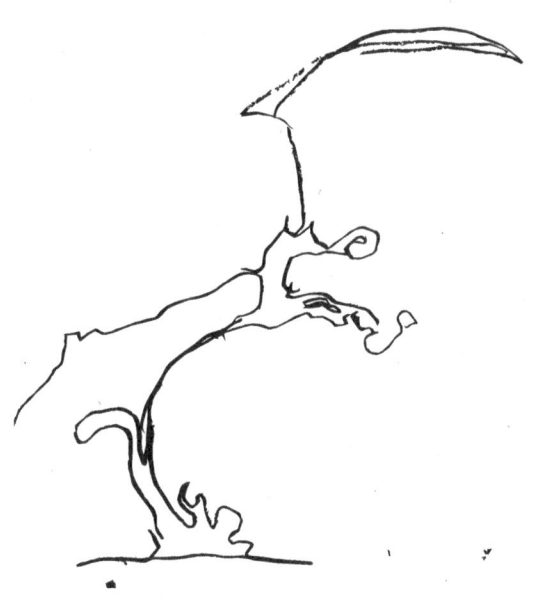

Der Sensenmann, schlecht getarnt.

Radio

Eine Stimme kam aus meinem Radio.

Das ist nichts Ungewöhnliches und geschieht Tag für Tag.

Ungewöhnlich war, dass ich mein Radio gar nicht einge-
schalten hatte.

Ich hatte es schon seit Jahren nicht mehr eingeschaltet, es
war alt und entsprach nicht mehr den technischen Anforder-
ungen eines modernen Radios.

Ich wollte es schon längst wegschmeißen.

Mein Radio hatte wohl meine Absicht erraten.

Die Stimme aus dem Radio mahnte mich eindringlich.

Sie mahnte mich mit einem Lied:

Komm laß es steh′n,

Steh′n dein altes Radio,

Steh′n dein altes Radio,

Denn so ein altes Radio,

Ist ein feiner Schmaus,

Für den Wellenlauf.

Dann verabschiedete sich die Stimme mit der Grußformel:
„Auf dieser Welle aus diesem Radio komme ich wieder, wann
immer ich Lust hab und mach mich breit.“

Ich überlegte, ob Radiowellen aus einem alten Radio eine
angenehmere Qualität haben könnten und diese Stimme

nicht auf ihre Altradiowellen verzichten möchte.

Quatsch.

Was ich da überlegte, war ein Blödsinn.

Ich wollte mein Radio ausschalten, das ging nicht. Es war schon ausgeschalten, also schaltete ich es ein.

Da war wieder diese Stimme und sagte ganz süffisant:

„Vermisst du mich schon?"

„Nein!"

Antwortete ich und wollte damit das Gespräch beenden, erreichte aber das Gegenteil.

Die Stimme redete immer von irgendwelchen technischen Bedingungen, die einzigartig an diesem alten Radio sind und eine besondere Sanftheit der Radiowelle erzeugten.

Ich warf der Stimme vor, sie soll nicht so altmodisch sein, es hätte sich eben viel verändert im Verlauf der Zeit. Die Stimme sagte, dass ich das nicht verstehe.

Ich wollte mich nicht von meinem Radio belehren lassen, stellte mich vor mein Radio und brüllte es an:

„Halt doch du dein Maul!"

Mit ein paar missmutigen Störgeräuschen verstummte mein Radio.

Ich habe mir dann ein neues Radio gekauft.

Das alte Radio habe ich nicht weggeschmissen.

Jedes Mal, wenn ich es tun wollte, schreckte ich davor zurück.

Es steht jetzt ganz hinten auf einem Regal, aber ich gebe ihm weder Strom noch eine Antenne.

Manchmal höre ich Geräusche aus dem Radio.

Ich denke mir, mach du nur deine Störwellen, ich hör gar nicht hin.

Wie eine stumme Sphinx hockt mein altes Radio auf dem Regal, wie eine Warnung, die ich nicht verstehe.

Ich will sie auch nicht verstehen.

Ich allein will die Macht über die Welt.
Ich ganz allein!

Der Mann, der ein Monster schlucken konnte

Der Mann konnte ein Monster schlucken.

Und jedes Mal, wenn er es tat, stand sein Mädel daneben und rief: „Ja, runter damit.

Bravo!"

Dann küsste er sie.

Damit konnte er nun in jede Stadt gehen, sich auf den Marktplatz stellen, ein Monster schlucken und sein Mädel rief: „Ja, runter damit.

Bravo!"

Dann küsste er sie und die vielen Leute, die herbei kamen, waren begeistert und bewunderten ihn.

Es kamen immer mehr Leute und bewunderten ihn.

Die Bewunderung wuchs und wurde immer größer.

Die Bewunderung wurde so groß wie ein Monster.

Da schluckte er die Bewunderung, sein Mädel rief:

„Ja, runter damit.

Bravo!"

Und dann war alles vorbei.

Jetzt wollte er sie küssen.

Sie fragte ihn:

„Wenn es nun keine Bewunderung mehr gibt, wieso soll ich dann noch runter damit und bravo schreien?"

Sie ging.

Der Mann ist nie wieder öffentlich aufgetreten.

Der Apfel springt
zum Baum zurück

Ein Apfel, der von einem Baum gefallen war, beobachtete, wie neben ihm alle anderen Äpfel, die vor ihm vom selben Baum gefallen waren, langsam verfaulten.

„Nein, das will ich nicht!"

Schrie er, so laut er konnte:

„Nein, das will ich nicht!"

Selbstverständlich hat das niemand gehört.

Wer hat schon je einen Apfel schreien hören?

Er wollte zum Baum zurück springen, sammelte all seine Kraft für diesen Sprung.

Es gelang ihm nicht.

Seine Kraft reichte gerade einmal dazu aus, mühselig zum Stamm zurück zu rollen, daran hinauf zu klettern und zur Spitze eines Asts hinaus zu balancieren.

Das sah alles ein bisschen jämmerlich aus – aber es gelang.

Am äußersten Ende des Astes hielt er eine große Rede an alle Äpfel, die unter ihm lagen:

„Liebe Mitäpfel.

Es hat uns doch sehr viel Mühe gekostet, um das zu werden, was wir jetzt sind!

Soll das schon alles gewesen sein?

Nein!

Lieber hänge ich mich hier wieder auf, als da unten zu verfaulen!"

Und so geschah es.

Ein erhängter Apfel, das schaut doch lächerlich aus.
Verfault ist er dann doch.

Das klingt doch nach dem Kerl,
der immer diese Robinson Crusoe Geschichten erzählt.
Ich schau in meiner Kartei „Wer erzählt welche Geschichte" nach.
Und finde heraus:
Er wars!

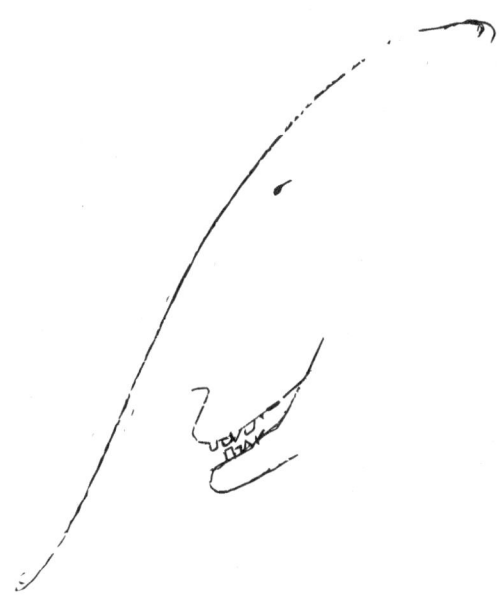

Jetzt seh ich es erst, er ist es gar nicht, es ist sein Bruder.

Die Sonne

Er saß gemütlich in der Sonne und ließ sich von ihr wärmen.
Das tat ihm gut.
Einem seltsam bösen Impuls folgend, den er sich später nicht mehr erklären konnte, streckte er der Sonne die Zunge heraus und machte:

„Bäääääääähhhh!!!!!!!"

Sofort wurde es dunkel.
Nein, es war nicht der Weltuntergang.
Aber so, als würde die Sonne ihre Augenlider schließen, knipste sie ihr Licht aus.
Darauf hin machte man ihm die größten Vorwürfe und sagte:
„Ja spinnst du, wie konntest du so etwas nur machen, was fällt dir ein."
Es war ihm sehr unangenehm und überhaupt, er war doch am allermeisten erschrocken.
Er wollte sich bei der Sonne entschuldigen und sagte zu ihr:
„Ich... ich... ich...,
das wollte ich nicht...,
es tut mir furchtbar leid, ich wusste ja nicht, dass ...."

Er versuchte alle möglichen Entschuldigungen, bis ihm nichts mehr einfiel.
Dann begann er einfach, übers Wetter zu reden, und fragte die Sonne:

„Was meinen Sie, wie wird es denn morgen werden?"

Da öffnete die Sonne ihre Augen und es wurde wieder hell.

Ein riesengroßer Stein fiel von seinem Herzen.

Er wollte sich aber nichts anmerken lassen und tat, als wäre nichts gewesen.

Das gelang ihm nur mangelhaft. Noch Jahre später, wenn ihm bei strahlender Sonne einer sagte, ist das nicht ein herrlicher Tag, grinste er nur verlegen und hielt sich schnell seinen Mund zu.

Seine Zunge sollte ja nichts Unüberlegtes tun.

Dass so ein Zustand zu einer Krise führen musste, wird niemand verwundern.

Er mied die Sonne und damit den Tag.

Der Mond

Er hatte nun die Krise.

In einer dieser Nächte, die er jetzt bevorzugte, erzählte er alles, was ihn belastete, dem Mond.

Das tat ihm gut.

Je mehr er dem Mond erzählte, um so mehr bröckelte die Krise von ihm ab.

Wie alter Verputz, der von der Mauer fällt.

Er seufzte.

Der Seufzer breitete sich über die ganze Landschaft aus.

Dann hob er seinen Kopf, blickte lange und traurig den Mond an.

Er fing wieder an, von seinem Unglück zu erzählen.

Da beugte sich der Mond tief zu ihm herab, sah ihn gelangweilt an und sagte:

„Ich hab es so satt, für deine blödsinnigen, melancholischen Gefühle zuständig zu sein.

Steck die sonst wo hin!

Ich kann sie überhaupt nicht gebrauchen.

Hör auf, oder ...... "

Der Mond holte aus, um ihm eine zu knallen, ließ es aber dann doch bleiben und zog sich in seinen Nachthimmel zurück.

Mit seiner Krise blieb er allein.

Den Mond schaute er nicht mehr an, er traute sich nicht mehr.

Er bemühte sich, nun keine Krise mehr zu haben, weil er

nicht mehr wusste, wohin mit ihr.
In der Nacht ging er nur noch bei Neumond hinaus.

Einen in zwei solche Geschichten zu schicken, das ist gemein.
Ihm nicht nur den Tag, sondern auch die Nacht zu vermiesen,
das ist noch gemeiner.
Aber wir sind in den „verlorenen" Geschichten
und das Verlieren zu stoppen, ist schwierig.

Sämtliche Versuche, einen vernünftigen Menschen zu zeichnen,
sind gescheitert.

Die Wolke

Ich blickte in den Himmel hinauf und sah eine wunderbare, weiße Wolke vorüber ziehen.

Sich auf so eine Wolke zu legen und über die Welt zu schweben, das ist doch die einzig vernünftige Art zu verreisen.

Das dachte ich, als ich die Wolke sah.

Eigentlich mag ich das Reisen nicht, aber als ich diese Wolke sah, bekam ich große Lust dazu.

Ich schrie zu ihr hinauf:

„He du Wolke!

Nimmst du mich mit?"

Und gütig senkte sich die Wolke zu mir herab und sagte:

„Bitte steig ein, wohin willst du?"

„An keinen bestimmten Ort, ich hatte nur Lust mit dir zu verreisen."

„Na, dann komm mit."

Wir schwebten hoch in den Himmel hinauf.

Es war ein schöner Tag, ein Tag um auf Wolken zu schweben.

Wolken sind zwar gütige aber keine treuen Reisegefährten, denn auf einmal löste sie sich auf.

Da hing ich nun ganz verlassen im Himmel herum.

Aber nicht lang und ich fiel auf die Erde herunter.

Um mir meinen Tod zu vermeiden, lag ein See unter meinem Sturz.

Da fiel ich hinein und versank.

Die Untreue der Wolken beklagte ich den Fischen.

Es kam ein gutmütiger Karpfen zu mir geschwommen, zu

dem sagte ich:

„Da oben die Wolken!

Ach, sei glücklich, dass du hier in deinem See bist.

Ich warne dich vor der Untreue der Wolken. Lass dich von ihnen nicht verlocken."

Der Karpfen sprach:

„Du redest vom Glück?

Hmmmm ... mein ganzes Leben verbring ich hier in diesem See, hab nie was von der weiten Welt gesehen.

Sei so gut und bring mich weg, das Meer möchte ich durchschwimmen, was erleben und die Welt anschauen."

Da nahm ich ihn und brachte ihn ins Meer.

Das Salz ist ihm nicht gut bekommen,

Ich sah noch, wie er fort geschwommen,

Doch er ist nie zurück gekommen.

Wollte der Karpfen das wirklich so haben?

Aber noch bevor ich eine Antwort fand, kam wieder die Wolke und sagte:

„Hei, komm, ich nehme dich wieder mit."

Ich:

„Nein, nein, dir trau ich nicht, du hast mich schon einmal abgeworfen."

Wolke:

„Jetzt sei nicht so, da schau, da hab ich einen Haltegriff für dich angebracht. Es kann dir gar nichts geschehen."

Ich stieg ein und hielt mich fest.

Die Reise ging los, sie ging nicht lang.

Der Haltegriff, der war noch da,
die Wolke, die war wieder weg.

Belehrung:
Seewasser ist Seewasser und Meerwasser ist Meerwasser.
Ein Haltegriff an einer Wolke nutzt nicht viel.

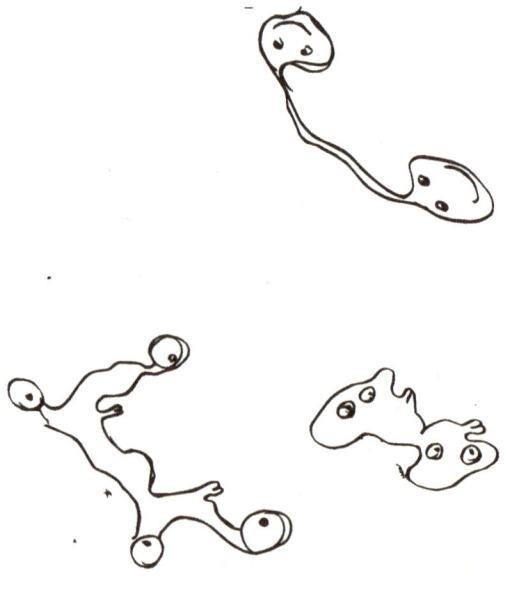

Für manche ist oben und unten überhaupt kein Thema.

sorgenfrei

Lassen wir doch einmal die Sorgen beiseite, die Nöte stellen wir hint an, den Mangel schließen wir aus und die Gesundheit wäre bestens.

Unter diesen Voraussetzungen müsste ein jeder sagen, ich habe ein gutes Leben.

Doch Sorgen, Nöte, Mangel und das ganze Trara haben so ihre Eigenart, sie machen sich sofort zu unserem Eigentum.

So kurz kann die Berührung mit ihnen gar nicht sein, da sind sie schon ganz die unseren.

Und da es nun meine Sorgen, Nöte etc. sind, muss ich sie als etwas Besonderes bewerten, muss sie loben und größer machen, als sie eigentlich sind.

Jetzt wo sie mir gehören, kann ich doch damit machen, was ich will.

Das ist mein gutes Recht.

Meine Sorgen sind die größten!

Als ich diesen Gedanken fertig aufgeschrieben hatte, schlüpfte der Wind durch das offene Fenster herein, nahm den Zettel mit sich mit und wehte durch die offene Tür hinaus.

Rummms!!!!!!!!!!!!

Die Tür war zu.

Ganz ruhig war es mit einem Schlag.

Wind weg.

Stille da.

Und noch einer war da.

Er saß an einem runden Tisch und vor ihm stand ein kleiner Vogelkäfig.

Der Käfig war aus zierlich gebogenen Messingstäben. Er sah aus wie eine kleine, hübsch verzierte Gittervilla.

Zuerst erkannte ich ihn gar nicht. Erst, als er die Stille wie einen Mantel ablegte, erkannte ich ihn.

Das alte kühle Gerippe, mit seinem kahlen Kopf und den hohlen Augen.

Mein zerknüllter Zettel war in seinem Käfig.

Mit seinen Knochenfingern öffnete er die kleine, zierliche Käfigtüre. Mein Zettel machte sich auf, setzte sich auf die Türschwelle, dann flog er wie ein Vogel davon.

Der Herr Geripperich sagte:

„Mach dir keine Sorgen mehr um deine Sorgen, die sind nun weg."

Der Wind blickte durchs offene Fenster, kam aber nicht herein, er lehnte sich nur auf das Fensterbrett.

Ich sagte zu ihm:

„Was ist los mit dir?

Bist du nun sein Hündchen und apportierst ihm alles schön brav?"

„War doch nur ein Spaß."

Der Wind auf dem Fensterbrett grinste blöd.

Ich sagte zu den beiden:

„Ich habe das für mich geschrieben. Ich möchte nicht, dass es jemand liest."

Geripperich antwortete mir:

„Es wird niemand lesen."

Ich fragte ihn:

„Wo ist mein Zettel, wieso fliegt er weg, was hast du mit ihm gemacht?"

Geripperich sagte nichts. Er stand auf und winkte nur mit seiner Hand, ich soll mit ihm kommen.

„Nein, nicht mit mir!

Das ist doch ein billiger Trick, kannst jemand anderen holen, lass mich in Ruh."

Geripperich hob die Schultern, sah mich an, als wollte er sagen, selber schuld, ließ die Schultern fallen, drehte sich um und ging.

Ich dachte, was du kannst, kann ich schon lang, drehte mich ebenfalls um und ging auch.

Der Wind war hinter mich gekommen, ich hatte ihn gar nicht bemerkt. Er hob mich hoch, so dass ich auf dem Bauch lag. Ich lag auf dem Wind, ohne dass er wehte?

Er sagte zu mir:

„Das kannst du so nicht machen. Hör dir wenigstens an, was er dir zu sagen hat."

Jetzt ging er mit mir in einem Wisch weg.

Lauter hundsgemeine Tricks, mit denen die arbeiten.
Ich wollte schon losbrüllen, um deutlich zu machen, was ich
davon halte.

„Setz dich.“
Geripperich saß wie hinein gegossen in einem großen
Polstersessel, seine Beine hatte er lang ausgestreckt.
Er bot mir den Polstersessel ihm gegenüber an.
Ich zögerte.
Er gab mir mit seinem Bein einen Stups und ich saß.
Dann nickte er wohlwollend mit dem Kopf und sagte:
„Probiers noch einmal.“

Ich versank in dem Polstersessel und verschwand in seiner
Polsterung, die alles, was ich sagen wollte, verschluckte.
Ich saß wieder an meinem Tisch.
Der Zettel vor mir war unbeschrieben.
In meiner Hand hielt ich einen Stift.
Ich schmiss den Stift in eine Ecke.
Aber im gleichen Moment hatte ich schon wieder einen Stift
in der Hand.
Also schrieb ich:

Lassen wir doch einmal die Sorge beiseite, die Nöte stellen wir
hint an, den Mangel schließen wir aus und die Gesundheit
wäre bestens.

Unter diesen Voraussetzungen müsste ein jeder sagen, ich habe ein gutes Leben.

Doch Sorgen, Nöte, Mängeltum haben Eigentrara, machen fort sich Eigenlob, immer, immer Eigenlob.

Und jetzt?

Heeeeee!!!!

Soll das besser sein!?

Keine Rückmeldung.

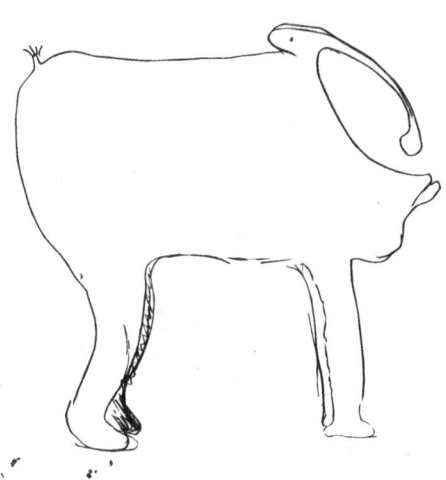

Persönliche Niederlagen 1:
Er wollte unbedingt Elefant werden, aber das ging völlig daneben.

Anima

Letzthin hatte ich so ein Gefühl.

Es war nichts Besonderes, mehr ein leichtes Stechen in der Seite, nicht heftig, mehr so wie Seitenstechen oder so ähnlich.

Nichts Aufregendes, einfach so ein Gefühl.

So ein Gefühl, als würde eine Kugel in der Brust herum fahren. Die eine Seite rauf, die andere Seite runter, dann rollte sie bis zur Mitte und sprang aus mir heraus.

Das, was sich wie eine Kugel angefühlt hatte, war ein kleines hässliches Weibchen mit langer Nase und verzwicktem Gesicht, nicht größer als eine Teekanne.

Sie stand vor mir auf dem Tisch, sah mich kurz an und sagte herablassend:

„Ich bin deine Anima, dein weiblicher Anteil, ich bin gekommen, um dich zu verschlingen."

Ich fand das lächerlich.

Ich wollte sie auf der Stelle loswerden und habe sie gleich beschimpft:

„Erstens bist du nicht der Typ Frau, den ich irgendwie attraktiv finde und überhaupt, bist du so was von hässlich.

Schaust absolut furchtbar aus.

Einfach abscheulich, scheußlich, grauslig.

Nein, bitte verschwind. Lass mich in Ruh.

Hau einfach ab!"

Sie schien gar nicht sonderlich böse zu sein, veränderte auch nicht ihre herablassende Art, und sagte nur:

„Ja, wenn das so ist, dann verlasse ich dich."

Und weg war sie.

Aber wohin?

In meiner Brust fühlte ich nichts mehr herumkugeln.

Die war jetzt leer.

Ich saß wieder allein am Tisch.

Ich saß einige Minuten stumpfsinnig herum, dann platzte es wie von alleine aus mir heraus:

„Ich weiß, ich hätte das nicht tun sollen, bitte, komm zu mir zurück!"

Sofort war sie wieder da.

Sie schien mir etwas größer als vorhin zu sein, nicht viel, aber weil sie gleich zu reden anfing, achtete ich nicht weiter drauf:

„Es muss nicht sein, lebe doch ohne deinen weiblichen Anteil."

Und weg war sie.

Ich saß wieder allein am Tisch.

Ich rief ihr nach:

„Ich weiß, ich hätte dich nicht beschimpfen sollen, es tut mir leid, es ist wichtig, seine weiblichen Anteile anzuerkennen, ich möchte mich entschuldigen, bitte komm zu mir zurück."

Sofort war sie wieder da.

Aber nun deutlich größer.

Sie war nun so groß wie ein kleines Kind, saß vor mir auf der Tischkante und starrte mich an.

Ihre kleine Gestalt war bisher harmlos.

Nun war sie bedrohlich.

Ich duckte mich etwas weg, um ihr auszuweichen, und sagte vorsichtig:

„Du hast dich verändert, du bist größer geworden."

Sie ließ ihren starren Blick nicht von mir ab:

„Nein, ich habe mich nicht verändert.

Du hast dich verändert."

Und weg war sie.

Ich rief:

„Ich weiß, ich weiß, ich habe es verstanden!

Ich weiß was du meinst.

Ich bin durchaus bereit, auch einen größeren weiblichen Anteil in mir aufzunehmen.

Komm zurück zu mir! Bitte!"

Sofort war sie wieder da.

Aber wie!

Als würde sie aus dem Fußboden heraus wachsen, stieß sie
den Tisch um und stand riesengroß vor mir. Ihren Kopf
hatte sie zu mir herunter gebeugt. Sie hätte auch gar nicht
aufrecht stehen können, das Zimmer war zu klein für sie.

Ich starrte zu ihr hinauf:

„Ja so habe ich das eigentlich nicht gemeint, das ist mir jetzt
aber doch zu viel weiblicher Anteil."

In ihrer übermächtigen Größe und ihrer herablassenden Art
meinte sie nur:

„Es muss nicht sein, leb ohne mich."

Ihr Angebot nahm ich sofort an:

„Ja, ich glaub wir lassen es lieber bleiben und gehen getrennte
Wege"

Sie schien darüber gar nicht böse zu sein und blieb ganz
freundlich:

„Ganz wie du meinst."

Dann riss sie ihr riesengroßes Maul auf und verschlang mich mit einem Bissen.

Sie hatte es doch von Anfang an schon gesagt.

Und weg war sie.

Ich saß wieder am Tisch und hatte Frauenkleider an, wollte Lippenstift auftragen und ging zum Spiegel.

Ich hatte keine Frauenkleider an, ich hatte nur so ein Gefühl, als hätte ich sie an.

Glück gehabt, dachte ich mir, es ist nichts geschehen.

Aber dieses Gefühl werde ich nicht los.

Dieses Gefühl, das immer zu mir sagt:

„Es ist nicht immer einfach.

Man kann nicht immer wegrennen.

Man muss zu sich stehen."

Das Dorf

Das Dorf, es liegt auf einem Hügel, der sanft zu einem See abfällt.

Eines Tages fiel die gesamte Dorfbevölkerung geschlossen in diesen See.

Wir wissen nicht, ob es aus Unachtsamkeit oder aus Übermut geschah, jedenfalls fielen alle ohne Ausnahme in diesen See und waren seither nie mehr gesehen.

Das Dorf stand nun leer – aber nur für kurze Zeit.

Eine zweite Dorfbevölkerung, die kein Dorf hatte, zog in das Dorf ein.

Sie lebten darin und das Unglück der ersten Dorfbevölkerung wäre niemandem aufgefallen. Das Dorf war besetzt, und alle bemühten sich, ein normales Leben zu führen.

„Grüß Gott Frau Nachbar, wie gehts?"

„Danke gut und wie gehts ihnen, Herr Nachbar?"

„Danke auch gut."

„Grüß Gott Herr Nachbar, wie gehts?"

„Danke gut und wie gehts ihnen, Frau Nachbar?"

„Danke auch gut."

Und so weiter, allen ging es gut und jeder bemühte sich, ein ganz normales Leben zu führen.

Wären da nicht die Häuser gewesen, die die neue Dorfbevölkerung immer wieder ausspuckten.

Die neue Dorfbevölkerung konnte sich in den Häusern der alten Dorfbevölkerung nicht festhalten, nach einer Stunde, einem Tag, einer Woche, einem Monat oder einem Jahr wurden sie durch die Türen oder Fenster oder Schornsteine immer wieder ausgespuckt.

Eine dritte Dorfbevölkerung, die ebenfalls kein Dorf hatte, beobachtete das Spektakel von einem Hügel, der etwas höher gelegen war, als der Dorfhügel.

Sie amüsierten sich köstlich und sahen ein paar Jahre lang zu.

Da kam ein Dorf, das keine Dorfbevölkerung hatte, schluckte die Dorfbevölkerung auf dem Hügel und spuckte sie gegen das darunter liegende Dorf.

Das andere Dorf spuckte zurück, so dass sich nun zwei Dörfer gegenüber lagen, die einander mit Dorfbevölkerung bespuckten.

Die Dörfer bekämpften und bespuckten sich.

Alle Häuser spuckten aus vollen Rohren, es flogen Dorfbevölkerungen hin und her, bis alle Dorfbevölkerungen verschossen waren.

Der See, um den sich niemand mehr kümmerte, war beleidigt.

Er ging und niemand sagte:

„Bleib doch da."

Das gab ihm den Rest und er stürzte sich ins Meer.

Da schritt der Bundespräsident ein.

Er ließ eine Kanalisation für die beiden Dörfer bauen, weil er dachte, es handelt sich um eine Art von Verstopfung.

Aber auch das nützte nichts.

Die Dörfer schlossen sich zusammen und wurden eine Stadt.

Es kamen Beamte und sie legten Archive über diese Ereignisse an, jetzt musste man sich die ganze Geschichte nicht mehr merken und konnte sie gleich vergessen.

Ja, ja es wollte niemand etwas daraus lernen.

Das Drama vom Ernsti

Holzscheittrilogie 2. Teil

Es ist noch nicht ganz Sommer, aber schon ein heißer Tag.

Ein Feiertag.

Obwohl es ein Feiertag ist und alle ruhen, arbeitet der Ernsti.

Er stapelt Holz für den Winter.

Im Dorf ist Ernsti nicht hoch angesehen – aber das geht uns gar nichts an.

Man munkelt, dass bei denen nicht immer alles ganz richtig war und man wisse eh schon.

Man meint damit Inzest – aber das geht uns gar nichts an.

Ernsti ist kein schöner Mann, wäscht sich nicht viel und hat einen stabilen, kugelrunden Bauch.

Er ist ein Mann in den besten Jahren, der mit seiner 80jährigen Mutter zusammenlebt – aber auch das geht uns nichts an.

Nur so nebenbei, es ist der Himmelfahrtstag.

Ernsti stapelt sein Holz.

Holzscheit auf Holzscheit.

Der Holzstapel ist schon recht hoch.

Doch der Stapel fällt.

Der Ernsti flucht:

„Verdammte, verschissene Sau!

Das gibts doch gar nicht!

Du verfluchte, verschissene Sau!"

Der Ernsti fängt von vorne an.

Er baut seinen Holzstapel wieder auf, recht hoch.

Und der Stapel fällt.

Der Ernsti flucht:

„Na! Na! Na!

Das gibts doch nicht.

Du verfluchte Sau, verreckter Dreck.

Jetzt reichts!!!

Scheißglumpert!"

Und noch einmal baut er den Stapel auf und noch einmal fällt er um.

Der Ernsti flucht:

„Du Sau!

Du Hur!

Verfluchte Hur, du dreckige!"

Jetzt mischt sich Ernstis Mutter ein und schreit aus dem Haus heraus:

„Ernsti?!"

Ernsti:

„Was is denn?"

Mama:

„Ist dir was geschehen?"

Ernsti:

„Naaa. Mama! Bring mir was zum trinken!"

Jetzt antwortet die Mutter nicht mehr.

Der Ernsti fragt nach:

„Was ist jetzt mit meinem Trinken!?"

Der Ernsti kennt seine Mutter und fragt sie auch kein zweites Mal:

„Na, lass bleiben, ich hol es mir selbst."

Der Ernsti baut an seinem Holzstapel weiter, aber die Mutter hat noch eine Bitte:

„Ernsti, kannst du mir die Kartoffeln aus dem Keller bringen!?"

Der Ernsti weint beinahe schon:

„Na, nicht jetzt.

Lass mich in Ruh!

Hols dir selbst, du siehst ja, dass ich bei der Arbeit bin!

Das gibts doch nicht, wieso passiert das immer nur mir, wieso immer mir, immer nur mir."

Aber die Mutter lässt nicht locker:

„Geh, die Kartoffeln bring."

Der Ernsti kann nicht mehr:

„Halts Maul!

Lass mich gehn.

Ich bin doch nicht dein Depp!"

Und schon wieder, der Holzstapel fällt zum vierten Mal.

Der Ernst gerät in eine Art fluchende Verzückung:

„Naaaaaaaaaaaaa!

Geh hör auf!!!

Verfluchte dreckige Sau!

Du Hur, du blöde!
Du Scheißhaufen verreckter!
Ich will nimmer, du Hur – verreck!"

Der Ernst bekommt nun auch noch einen Niesanfall.
Zuerst ein kräftiges Niesen, dann ein Fluch.
Der hört sich an wie:
Hurna!
Genau ist das nicht zu verstehen.
Wieder kräftiges Niesen und
Hurna.
Niesen,
Hurna!
Niesen,
Hurna!
So geht es dahin, als würde es den Ernsti zerreißen.
Es haut ihn um, er schlägt um sich, als müsste er sich gegen einen übermächtigen, unheiligen Weibsteufel wehren.
Muss er das?
Steckt in dem verreckten scheiß Holzstapel ein Weibsteufel?
Ist dieser Weibsteufel die dreckige Sau, die blöde Hur, auf die er so geflucht hat?
Ist sie jetzt aus dem Holzstapel gefahren und hat sie ihn gepackt und wird sie ihn zerreißen?
Wird sie das?
Nur weil er an einem Feiertag gearbeitet hat?
Nur weil er ein Kind war, das so nicht hätte sein sollen?
Wir wissen es nicht.

Wir schauen auch gar nicht mehr hin.

Es geht uns ja auch gar nichts an.

Wir ruhen an diesem schönen Feiertag.

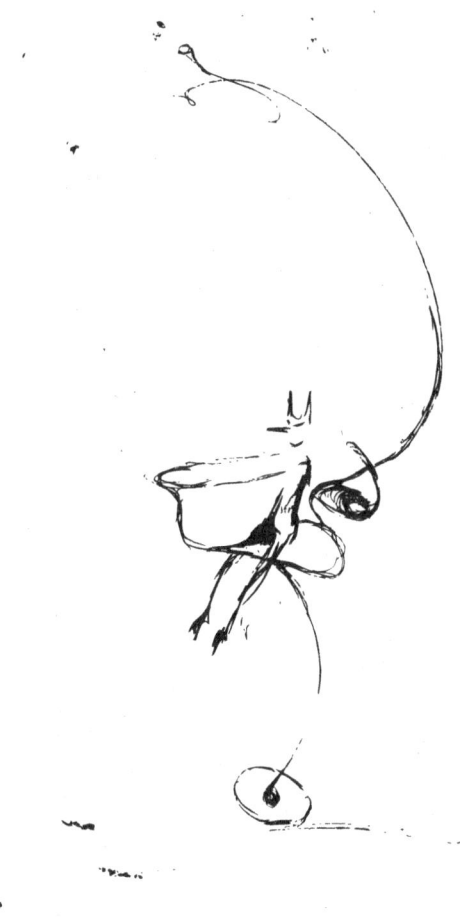

Niemand weiß,
mit welchem Kraftstoff der Teufel sein Einradmoped auftankt.

armer Teufel

Immer brav sein, nur nicht auffallen, sonst wird der Teufel
auf dich aufmerksam.
Der Teufel liebt die, die auffallen.
Nur nicht auffallen, nur nicht auffallen.
Trotzdem ich bisher ein unauffälliges Leben geführt hatte,
wurde dennoch ein Teufel auf mich aufmerksam.
Es war ein sehr müder Teufel.
Er klopfte an meine Tür.
Ich öffnete, er schob mich zur Seite und sagte nur:
„Ich kann nicht mehr.
Ich brauch ein Bett."

Man sagt oft so daher, der Teufel schläft nicht.
Auf diesen Teufel traf das nicht zu.
Er schlief sofort im Stehen ein.

Ich weckte ihn auf und fragte:
„Was willst du?"
„Pausenlos wird man vom Meister zur Arbeit angetrieben.
Es ist nicht schön, ein Teufel zu sein. Lass mich bei dir ein
bisschen ausruhen.
Du bist bisher noch nicht aufgefallen, bei dir wird mich der
Meister nicht suchen."

Er wusste genau, wo mein Schlafzimmer ist und ohne zu
fragen, legte er sich in mein Bett und schlief ein.

Ich konnte ihn nicht wecken.

Ich konnte ihn nicht aus dem Bett bekommen.

Was soll ich tun?

Ich muss auffällig werden, damit der Teufel mich holt und bei dieser Gelegenheit gebe ich ihm seinen Unterteufel zurück.

Zuerst ging ich in eine Kirche und fing an, heftig herum zu fluchen.

Aber das interessierte keinen.

Für das Fluchen in Kirchen wirst du nicht einmal mehr vom Teufel geholt.

Ich versuchte es mit Mord und Totschlag.

Weil ich aber bei meinem unauffälligen Leben nicht gelernt hatte, wie Mord und Totschlag geht, ließ ich das bleiben.

Weitere Versuche mit Betrug, Unzucht, Hinterlist und Eitelkeit brachten auch keinen Erfolg.

Meine Versuche, auffällig zu werden, beeindruckten den Teufel nicht.

Vielleicht war es ihm zu ambitioniert und zu unglaubwürdig.

Ich gebe zu, all meine Verfehlungen waren ohne besondere Leidenschaft ausgeführt.

Mein Teufel liegt immer noch in meinem Bett und schläft.

Armer Teufel, denk ich und lass ihn schlafen.

Ich werde aber den Gedanken nicht los:

Das Leben misst dir deinen Teufel an, den passenden bekommst du zugeteilt.

Ist dein Leben aufregend, dann ist es auch dein Teufel, ist es armselig ….

Dann tuts mir leid, armer Teufel.

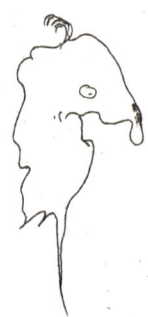

Völlig unauffällig und langlebig.
Aber nicht besonders schön.

Dr. Faustus

„AAAAAAAHHHHHHHHH!!!!!!"

Blöd, jetzt habe ich nicht aufgepasst.
Ich bin umgeknickt.
Ich hinke.
Geht schon.
Es geht schon wieder.
Es tut nicht mehr weh.
Aber ich hinke immer noch.
Mein rechter Fuß ist kein Fuß mehr.
Er ist ein Huf!
Wieso hat mir der Teufel das angetan?
Ich versuche, mich zu trösten.
Gut, auch das ist ein Fuß, auch mit ihm kann ich gehen.
Seinen Zweck erfüllt er, wenn auch ungleich.
Der Trost nützt nichts.
Ich möchte wieder ein ganz normaler Mensch sein.

Ich gehe zu einem einsamen Kreuzweg, auf einer Lichtung umgeben von dichtem Wald.
Es ist mitten in der Nacht.
Ich ziehe einen magischen Kreis mit all den geheimen Zeichen rund herum. Ich stelle mich in den Kreis und rufe so laut ich kann:
„Teufel!
Teufel, komm her!"

Nichts geschieht.

Ich habe ein altes Buch dabei, da stehen Zaubersprüche und Befehle drinnen, die den Teufel zwingen können, her zu kommen.

Ich suche den richtigen Zauberspruch und brülle ihn in die Nacht hinein.

Der Teufel kommt.

Ganz gemütlich kommt er daher spaziert.

Ich warte.

Der Teufel ist nun dicht neben mir. Er kann mir nichts tun, ich steh im Kreis, er kann nicht herein.

Er blickt mich an und sagt:

„Was willst du?"

Ich zeige ihm mein Bein mit dem Huf:

„Sehen Sie, das ist doch von Ihnen? Ich brauch es nicht, seien Sie so gut und nehmen Sie es zurück und geben Sie mir meinen Fuß wieder."

Der Teufel bläst mir seinen Schwefelatem ins Gesicht und faucht:

„Fahr zur Hölle."

In meinem Buch steht, wie ich den Teufel rufen kann, aber es steht nicht drinnen, wie man den Teufel dazu bringt, einen Huf zurück zu nehmen.

Ich brauche Hilfe.

Wer kann mir helfen?

Dr. Faustus.

Er ist ein Spezialist in Sachen Teufel.

Ich blättere in meinem alten Buch und finde den Zauberspruch, mit dem ich Dr. Faustus aus der Hölle befreien kann.

Das alte Buch ist doch wirklich sehr gut.

Ich spreche den Zauberspruch aus.

Das ärgert den Teufel maßlos.

Er flucht.

Das Fluchen nutzt ihm aber nichts, er muss da bleiben, weil ich ihn mit meinem Zauberspruch dazu zwinge.

Dr. Faustus erscheint.

Dr. Faustus steht jetzt auf der einen Seite des Kreises, ich in der Mitte und auf der anderen Seite der Teufel.

„Du schon wieder."

Faucht der Teufel.

Dr. Faustus ist ein großer Zauberer und in der Hölle hat er noch viel dazu gelernt.

Der Teufel beschimpft Dr. Faustus:

„Du elender Quacksalber."

Dr. Faustus ist ganz souverän, geht gar nicht auf die Beleidigung des Teufels ein.

Ganz kindisch quakt der Teufel weiter:

„Quacksalber, Quacksalber, Quacksalber, Quacksalber!"

Dr. Faustus ist nicht aus der Ruhe zu bringen und sagt:

„Wieso lässt du deinen Schwanz hinten raus hängen, ist vorne keiner dran?

Ha, ha, ha, ha."

Der Teufel quakt einfach nur weiter:

„Quacksalber, Quacksalber, Quacksalber!"

Dr. Faustus überrascht nun den Teufel:

„Ich verzaubere dich in eine Ratte."

Und schon ist der Teufel eine Ratte, die Ratte quiekt:

„Und ich verzaubere dich in einen Wurm."

Und Dr. Faustus wird zum Wurm, der Wurm piepst:

„Und ich verzaubere dich in eine Bratpfanne."

Der Teufel wird zur Bratpfanne, die Bratpfanne .... äääh zirpt:

„Und ich verzaubere dich in eine Zahnbürste."

Dr. Faustus wird zur Zahnbürste, die Zahnbürste bürstelt:

„Und ich verzaubere dich in ein Klobürste, ha, ha, ha, ha, ha."

Und so geht es dahin.

Dr. Faustus und der Teufel sind mit Verzauberungen beschäftigt und haben kein Interesse mehr an mir.

Ich stehe nur da.

Die beiden hören nicht auf, sich gegenseitig in die blödsinnigsten Sachen zu verwandeln.

Jetzt habe ich genug und strecke mein Bein mit dem Huf in die Höhe und rufe in den Zauberstreit hinein:

„Hei Dr. Faustus, wetten, Sie können diesen Huf nicht in meinen Fuß zurück zaubern."

Dr. Faustus nimmt die Herausforderung an und er brüllt:

„Teufel! Ich verzaubere dich in seinen Fuß!"

Der Zauber gelingt, ich habe wieder meinen Fuß.

Hurra!

Aus meinem Fuß brüllt es zurück:

„Dr. Faustus, ich verzaubere dich in seinen zweiten Fuß!"

„NEIIIIIIIIIIIIIIIIIIIIIN!"

Es ist ganz still.

Ich bin allein.

Ich stehe allein in meinem Kreis.

Ich weiß es.

Ich will es gar nicht wissen.

Aber es ist so.

In einem Fuß habe ich den Teufel, im anderen den Dr. Faustus.

Ich gehe aus dem Kreis heraus:

„Zwei Seelen wohnen, ach! in meinen Füßen."

Ein Seufzer, den niemand hört.

Ich versuche, diesen verfluchten Kreuzweg zu verlassen, das fällt mir schwer.

Meine Füße fangen an, miteinander zu streiten.

Sie treten sich, stellen sich gegenseitig ein Bein. Ich stürze, ich will weg, ein paar Schritte komm ich weiter, dann stürze ich wieder.

So geht es dahin.

So gehe ich dahin.

„Zwei Seelen wohnen ...."
Stimmt denn das?
Dr. Faustus kommt aus der Hölle. Hat man noch eine Seele,
wenn man aus der Hölle kommt?
Und der Teufel, hat der Teufel eine Seele?

Das muss ich mir notieren und bei nächster Gelegenheit
einen Theologen fragen.

Drei verlorene Seelen, die selbst der Nebel nicht mit sich nahm,
sind nirgendwo erwünscht.
Ein einfacher Grundfisch aus dem Styx findet das so traurig, er kann
nicht anders, er muss eine dicke Träne weinen.

Ich soll sie schön grüßen
Holzscheittrilogie 3. Teil

Ich sitze in meinem Garten, um mich herum wachsen die schönsten Blumen. Prächtig, wie sie duften.

Ich atme ein, ich atme aus.

Wunderbar, ich bin zufrieden.

Ein kleines Mädchen kommt in meinen Garten.

Sie setzt sich in meine schönen Blumen, pflückt sich einen bunten Strauß. Dann grinst sie mich frech an und sagt mit ihrem dünnen Stimmchen:

„Ich soll Sie schön grüßen von dem dicken Mann mit dem Schnauzer.

Dort drüben steht er. Sehen Sie, jetzt winkt er Ihnen zu.“

Ich schicke sie weg. Sie kann von mir aus den Strauß Blumen mitnehmen, aber sie soll jetzt gehen.

Ich gehe in meine Küche.

Feine Sachen habe ich da, die schmeiß ich in meine Pfannen, lasse sie lustig dampfen und schmoren.

Ich würz es fein. Großartig, wie das schmeckt.

Ich freu mich auf mein Essen.

Und wieder kommt das kleine Mädchen, setzt sich an meinen Tisch und isst von meinem Teller. Sie grinst mich an und sagt ganz frech mit ihrem dünnen Stimmchen:

„Ich soll Sie schön grüßen von dem dicken Mann mit dem Schnauzer. Schauen Sie aus dem Fenster. Dort drüben steht er. Sehen Sie, jetzt winkt er Ihnen zu.“

Ich gebe ihr ein Butterbrot und schicke sie weg.

Am Abend mach ich mir ein Bier auf und setze mich vor den Fernseher.

Was solls, das mach ich immer so. Es entspannt und strengt nicht an.

Schon wieder kommt das kleine Mädchen, setzt sich neben mich und schaltet um, weil es einen anderen Film sehen möchte.

Ich brülle:

„Jetzt reichts!"

Ganz schüchtern antwortet sie mit ihrem dünnen Stimmchen:

„Ich soll sie schön grüßen …"

Ich unterbreche sie und sag:

„Weißt du denn, wie spät es ist? Das ist keine Zeit mehr für ein kleines Mädchen alleine herumzurennen. Es ist doch schon dunkel."

Ich schicke sie nach Hause.

Später schaut noch meine Freundin vorbei.

Wir gehen ins Bett. Freuen uns aufs Zusammensein.

Wir haben uns gern.

Wir küssen uns.

Da taucht das kleine Mädchen auf und will, dass ich ihr Köpflein streichle.

Meine Freundin fragt, wer das kleine Mädchen sei. Ich schwöre ihr, dass ich sie nicht kenne. Meine Freundin glaubt mir nicht und verdächtigt mich, mit einer anderen eine Tochter zu haben.

Wir streiten.

Sie geht.

Das kleine Mädchen mit dem dünnen Stimmchen sagt:

„Ich geh dann auch. Ich soll Sie schön grüßen vom …"

Der Mann mit dem Schnauzer öffnet die Türe, nimmt das kleine Mädchen an der Hand, er winkt mir zu und sie gehen.

Hinten im Holzschuppen bin ich jetzt am liebsten. Dort kann mich niemand so leicht finden.

Die Tür geht auf, das kleine Mädchen kommt herein – schon wieder!

Ich nehme die Axt und bevor sie noch was sagen kann, schlag ich zu.

Wunderbar, ich bin zufrieden.

Vom kleinen Mädchen ist nichts mehr da, ich habe nur ein Holzscheit gespalten.

Mit meiner Freundin ist alles wieder in Ordnung.

Wir haben nun eine kleine Tochter.

Was ich nie gedacht hätte, aber meine Freundin hatte es vorgeschlagen und jetzt kann ich es mir gar nicht mehr anders vorstellen. Ich trage seit kurzem einen Schnauzer.

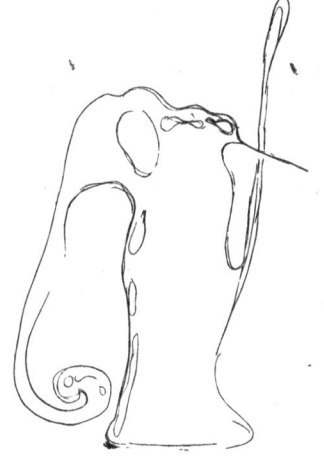

Wenn ich wüsste was es ist, wüsste
ich ob es gefährlich ist.
Wenn es ihnen zuzwinkert, rennen
sie besser schnell weg.

grüner Wind

Manche Rezepte kann man in jedem Kochbuch nachlesen und manche Rezepte kennt nur der Wind.

Und wenn er es gut mit dir meint, flüstert er sie dir zu.

Der Wind, der Wind, der überall schon war, dem keine Türe verschlossen bleibt.

Er blies schon durch jede Kammer und in die dunkelsten Ecken hinein.

Er griff schon in alle Töpfe, er kennt alle Zutaten.

Er hat die besten Mixturen.

Der Wind ist grün, das kommt von all den Wiesen, über die er weht.

Die färben ab, so grün, so grün.

In den Wiesen findet er die seltensten Kräuter, ihren Hauch pflückt er und bläst ihn in seine Rezepte hinein.

Es pfeift der Wind.

Er ruft durch die Gassen.

Er ruft meinen Namen.

Er setzt sich zu mir.

Bisher habe ich den Wind nur gespürt, wenn er mich anwehte oder an meinem Fenster rüttelte.

Jetzt sehe ich ihn und er ist grün.

Er öffnet sein breites Maul und er bläst wilde braune Herbstblätter heraus.

Ich bin sehr beeindruckt von diesem Kunststück und sage:

„Booooooooohhh!"

Der Wind antwortet ganz gelassen:
„Nichts Besonderes."
Ich frag den Wind:
„Weshalb habe ich dich bisher nicht gesehen?"
Der Wind gibt mir keine Antwort. Er gibt mir eine seiner
Mixturen.
Ich trinke.
„Ich kenne den Geschmack, was ist das?"
Der Wind:
„Rate."
Ich trink noch einen kleinen Schluck:
„Es ist mir bekannt, aber ich komm nicht drauf."
Der Wind:
„Den Geschmack kennst du gut, hast schon oft davon gekos-
tet.
Es ist ein Jahr."
Ich:
„Ein Jahr?"
Der Wind:
„Die Zeit gab mir ein Jahr als Geschenk für dich und bat
mich, es bei dir vorbei zu bringen."
Ich möchte den Wind nicht beleidigen und sage vorsichtig:
„Ich fühle mich geehrt und danke dir für deine Mühe, mir
dieses Geschenk zu bringen – aber ein Jahr?
Nur ein Jahr?
Sag der Zeit einen lieben Gruß. Sie soll mir nicht böse sein,

aber sie soll mir doch die Zeit lassen, die ich halt so habe und vielen Dank euch beiden."

Der Wind fährt mir durchs Haar und setzt sich wieder neben mich.

Er setzt sich links und rechts von mir und spricht von beiden Seiten:

„Du verstehst nicht recht, nimm es, verwende es, wann immer du willst."

Er tanzt um mich herum und raunt mir zu:

> „Ich kenne die Wiesen,
> Ich kenne die Kräuter,
> Ich kenne die Töpfe,
> Ich kenn die Mixtur."

Der Wind gibt mir von seiner Mixtur zu trinken und tanzt mit mir.

Ich dreh mich und dreh mich und dreh mich und dreh mich.

Der Wind ist schon weg und ich dreh mich herum.

Ganz schwindlig ist mir, ich setze mich.

Die Zeit geht an mir vorbei.

Ich habe mich noch gar nicht für ihr Geschenk bedankt.

Der Tod sitzt neben mir, mit hohlen Augen.

Er klappert ein wenig mit seinen Knochen, damit ich ihn bemerke, dann klopft er mir auf die Schulter und sagt:

„Das hast du schön gemacht, das war ein schöner Tanz.

Du schaust gut aus, so frisch, so frisch und noch ganz warm."
Er schmatzt, ich mag das nicht und gebe seine Hand von meinen Schultern.
Der Tod rückt ganz nah an mich heran:
„Wär ich ein Wurm, würde ich mich in dich verlieben.
Wär ich ein Engel, würde ich um dich kämpfen.
So bin ich nur der Tod, ich darf dich nur einmal küssen."

Er küsst mich.

Aber ihr alle, die ihr nun von diesem Kuss wisst, seid nicht eifersüchtig, jeder bekommt so einen Kuss.

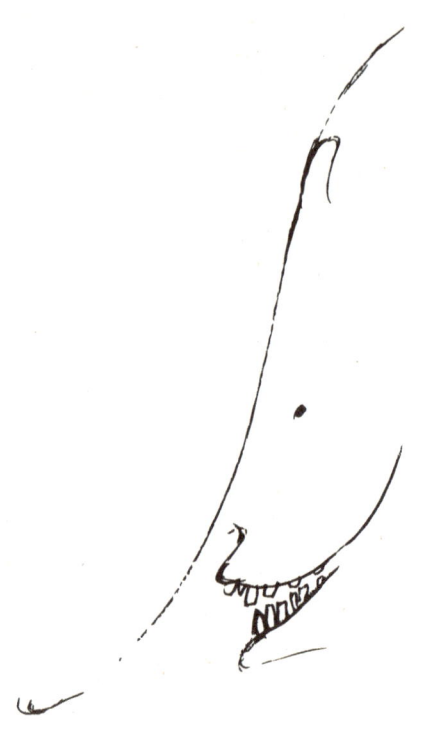

Robinson *er schon wieder* Crusoe 3

Robinson Crusoe war wieder einmal auf eine Insel gespült worden.

Alle Einheimischen versteckten sich, als sie diesen Fremden an ihrem Strand sahen.

Robinson Crusoe sagte:

„Hallo ihr Einheimischen. Ihr müsst keine Angst haben, ich bin in Not und brauche Hilfe."

Die Einheimischen hatten schon gehört, was Hilfe ist, und

fragten:

„Was ist denn Not?"

Robinson Crusoe antwortete:

„Not ist eine drückende Lage, aus der man allein nicht raus kann."

Dann fragten sie ihn:

„Und du bist hier bei uns in einer drückenden Lage und kommst allein nicht raus."

„Ja, so ist es." antwortete Robinson Crusoe.

Alle Einheimischen kamen zu Robinson Crusoe, da war er nicht mehr allein.

Sie halfen ihm raus, indem sie ihn im hohen Bogen weit ins Meer hinaus warfen.

Die Einheimischen waren sehr glücklich, Robinson Crusoe aus seiner Not rausgeholfen zu haben.

Robinson Crusoe war das alles sehr peinlich, er sprach nie darüber und hat auch in seinem Buch nichts davon erwähnt.

3. Gruppe gewonnen

Jeder ist ein Spezialist.
Man muss nur wissen für was, dann hast du gewonnen.

Das Fellorgan

Ein Oberkörper hat viele wichtige Organe in sich, Herz, Lunge, Niere, Milz und so manches mehr.

Wenn man nun all diese Organe und das Gedärm ein klein wenig zurechtrückt, enger aneinander reiht, so kann man leicht etwas Platz schaffen für ein Zusatzorgan.

Das Fellorgan.

Dieses Fellorgan besteht aus einer Kombination von Drüsen und sonstigen Einspritzungen und ist dafür zuständig, uns in einen entspannten Urzustand zurückzubringen.

Uns sozusagen auf Null zu schalten.

Von dieser Nullposition aus können wir uns wieder neu aufbauen.

Wenn alles außer Kontrolle gerät, Stress, zivilisatorische Überbelastungen und dergleichen angezeigt sind, dann schaltet uns dieses Organ zurück in diesen entspannten Urzustand und wir renken uns wieder ein.

Das Fellorgan ist natürlich, wie alle anderen Organe, nicht von unserem Willen abhängig, sondern gibt sich ganz seiner vegetativen Neigung hin und schaltet sich von alleine ein.

Noch bevor wir an die Grenzen unserer Belastbarkeit geraten, erhält das Fellorgan ein Signal und wandelt uns um.

Wir finden uns in netter Fellbekleidung wieder und unbelastet wie Adam und Eva fangen wir von neuem an.

Nehmen wir zum Beispiel folgende Situation:
Die Eröffnung einer bedeutenden Ausstellung.

Lauter wichtige Personen sind anwesend, Leute, mit denen sie sonst nie einen Termin bekommen.

Sie haben ein großartiges Projekt in Planung und diese Leute könnten es verwirklichen. Sie raffen all ihren Mut zusammen, versuchen Annäherungen, aber niemand von denen will mit ihnen reden.

Sie geraten in Stress, das Signal – zivilisatorische Überbelastung – wird an das Fellorgan gesendet und schon stehen sie mit etwas Fell bekleidet da.

Sie tragen einen netten Lendenschurz und weil die noch nicht so gut funktionieren, wie unsere modernen Unterhosen, baumelt ihr Schwanz ein wenig heraus.

Eine Dame, elegant gekleidet, aus den obersten Gesellschaftskreisen kommt zu ihnen.

Sie versuchen, ihren Schwanz in den Lendenschurz zu stecken, doch er plumpst immer wieder heraus.

Sie sagt:

„Hübscher Lendenschurz.

Aber kann er denn das Ganze nicht besser fassen?"

Sie antworten:

„Er tut, was er kann."

Und da plumpst der Schwanz wieder heraus.

Die elegante Dame findet das unheimlich lustig und fängt laut zu lachen an.

Sie lachen auch aus vollem Herzen und hauen der Dame aus lauter Vergnügen kräftig auf die Schulter.

Sie gehen zu ihrem Chef, werfen ihn auf den Boden und balgen ein bisschen mit ihm herum, lassen ihn aber gewinnen und machen ein paar Unterwerfungsgesten.

Nachdem sie das Büfett abgeräumt haben, gehen sie nach Haus und schlafen glücklich und zufrieden ein.

Was meinen Sie, wie der Abend ausgegangen wäre ohne Fellorgan?

Kommt, wir bauen uns ein Fellorgan!

Was mich wundert.

Da doch jeder irgendeine Art von Familienleben hat, wieso hat das noch keiner vor mir gedichtet?

Familienleben

Der schönste Krieg ist der zu Haus,
Du hast nicht weit und musst nicht raus.
Schon vor dem Frühstück um halb Acht,
Hast du schon alle umgebracht.
Als großer Sieger sitzt du nun,
Bei dein'm Kaffee und kannst jetzt ruhn.

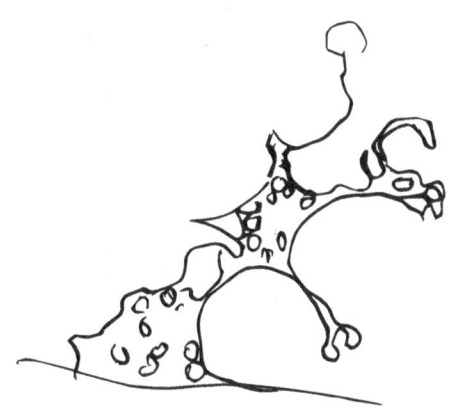

Völlig durchlöchert, aber immer noch in Angriffspose.

Ballade von Speck und Made

Eine Studie über die Zeit der Völkerwanderung.

Historische Einführung:

Die Völkerwanderung war ein gemeinsames Aufbrechen in alle Richtungen.

Ganz Europa spielte „Reise nach Jerusalem", alle Völker wanderten herum und suchten für sich einen Platz, wer keinen Platz fand, flog raus.

Deshalb gibt es diese Völker heute nicht mehr.

Später spielte man noch einmal „Reise nach Jerusalem" und nannte es dann Kreuzzüge.

Ende der historischen Einführung.

Modische Erläuterung:

Man trug Pelz und Keule, die Frauen trugen den Rest.

Kurze politische Klarstellung:

Staaten gab es noch keine.

Nationen wurden erst später von ganz hinterhältigen Völkern erfunden.

Diese Völker behaupteten, sie wären schon immer hier gewesen und hier geboren.

Das stimmte aber nicht.

Alle sind herum gewandert, nur diese hinterhältigen Völker hatten die Behauptung „Nation" aufgestellt, um einen guten Grund zu haben, andere nachfolgende Völker zu erschlagen.

Geografie:

Vorrangig gab es nur Gegend.

Zur besseren Orientierung teilte man später die Gegend in Norden, Süden, Westen und Osten ein.

So hatte jeder die Möglichkeit, seine Gegner zu finden.

Der Osten gegen den Westen, der Norden gegen den Süden und wie man eben wollte, allen war geholfen.

Über die Natur:

Sie war im Einklang mit sich selbst.

Das ging so:

Es wurde Nacht.

Es wurde Tag.

Es war ruhig und friedlich.

Ein riesiger Bulle mit riesigen Hörnern schaute vorbei, aß ein wenig Gras und ging weiter.

Andere wilde Tiere tauchten auf, fraßen ebenfalls ihren Teil, der ihnen von der Natur überreicht wurde, und zogen ihrer Wege.

So weit die Augen sehen konnten, überall nur friedliche Natur.

Der Hase hatte keine Angst vor dem Fuchs, musste er auch nicht haben, der Fuchs streichelte den Hasen. Der Hase mochte den Fuchs auch sehr gern und streichelte ihn.

Der Fuchs fraß den Hasen und es war kein Geschrei gemacht.

Alles war ruhig und friedlich.

Unsere Helden:

Es sind dies Speck und Made.

Speck und Made wanderten recht vergnügt durch diese Zeit. Den beiden ging es immer gut. Egal, wie groß die Probleme der anderen waren, sie hatten keine Sorgen.

Nie und nimmer.

Speck und Made marschierten in den Norden, dann zogen sie in den Westen und über den Süden gingen sie in den Osten, dann kamen sie wieder zurück.

Jetzt waren sie überall gewesen.

Und überall sangen sie ihr Lied.

Sie sangen es für den Krieger, für die Karrierefrau, für das Kind und die Hausfrau, für die Häuptlinge, die Flüchtlinge und die Feiglinge.

Sie sangen es für jeden und alle hörten ihnen zu.

Alle waren begeistert und alle riefen:

Ja, recht haben die beiden! Ich werde es ab nun genauso machen!

Speck und Made hatten das Lied auch großartig vorgetragen.

Das Lied hatte zwei Strophen, Made sang die erste und Speck antwortete dann mit der zweiten Strophe.

Das hatte bis dahin noch niemand so gemacht. Alle sangen immer auf einmal und jeder wollte lauter als der andere sein.

Das Lied war ein Riesenerfolg.

Made sang:

> Was zieht ihr auch so dumm herum,
> Vergeudet Kraft und eure Zeit,
> Macht es doch so klug wie ich,
> Und zieht in euren Speck hinein.

Und Speck sang:

> Ein Speck, der will nicht wandern,
> Der liegt ganz faul nur wo herum,
> Lässt seine Made zu sich ein,
> Dann hat er wen zum glücklich sein.

Als alle Menschen dieses Lied gehört hatten, sagten sie:
„Mensch, dass wir daran noch nicht früher gedacht haben."
Nach dieser Erkenntnis schlugen sich alle mit der flachen
Hand auf ihre Stirnen und damit endete die Völkerwanderung.
Die Menschen wurden sesshaft, gründeten kleine und große
Gemeinden, Familien und so Sachen.
Später kam die Moderne.
Aber man muss ja nicht alles zu Ende erzählen.

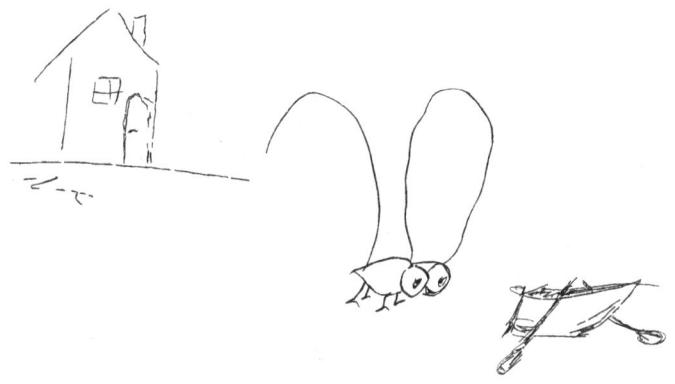

*Die kleine Fliege verlässt ihr Häuschen und überlegt. Soll sie den
Ozean im Flug überqueren? Oder soll sie vorsichtshalber
doch das Ruderboot nehmen?*

fabelhaft

Ich sitze auf einer Wartebank am Bahnsteig der Stadtbahn, vor mir ist eine Lacke.

Aus der Lacke führt eine Spur – Vogelbeine, Tatzen, Vogelbeine, Tatzen, Vogelbeine, Tatzen.

Eine Taube, ein Hund, eine Taube, ein Hund, eine Taube, ein Hund – was sonst.

Stimmt aber nicht.

Jeder Kenner fabelhafter Wesen sieht sofort, diese vermeintlichen Hunde- und Taubenspuren sind zu gut synchronisiert.

Die Schritte passen genau zusammen, sie können nur aus dem Rhythmus der Bewegung eines Körpers entstehen.

Das können Hunde und Tauben, auch wenn sie sich noch so sehr anstrengen, nicht zu Stande bringen.

Ich werfe noch einen kurzen prüfenden Blick auf die Spur.

Jetzt bin ich mir sicher.

Es ist ein Greif!

Um etwas genauer zu sein, ein jüngerer Greif.

Die Greife aus der älteren Zeit haben einen Löwenkörper mit Adlerkopf, deren Spuren bestünden aus vier Tatzen.

Später nimmt der Adleranteil mehr Platz ein, der Hinterkörper bleibt ein Löwe, doch die Vorderfüße werden zu Adlerkrallen, die Spur besteht also vorne aus Vogelkrallen und hinten aus Tatzen.

Dieser Greif ist auch noch nicht zur vollen Größe herangewachsen, sonst wäre seine Spur selbstverständlich größer als die von Hunden und Tauben.

Die Abdrücke führen aus der Lacke heraus und keine in die Lacke hinein.

Der Greif muss aus der Lacke heraus gekommen sein.

Ob diese Lacke ein geheimes Verbindungstor zur Fabelwelt ist?

Ich steige in die Lacke hinein und gehe in ihr herum.

Mütter schauen mich böse an, sie müssen ihre Kinder zurückhalten, die auch wie ich in der Lacke herum steigen möchten.

Es macht mir nichts aus, sie sind mir völlig egal, ich bin zu sehr beschäftigt.

Was will dieser Greif hier?

Wieso taucht er auf dem Bahnsteig der Stadtbahn auf?

Am nächsten Tag sehe ich dieselbe Spur aus derselben Lacke heraus kommen.

Es kann auch nicht die Spur vom Vortag sein, die wäre schon längst eingetrocknet. Die Spur lässt vermuten, dass der Greif in die Stadtbahn gestiegen ist.

Ich habe extra Gummistiefel angezogen, um besser in der Lacke herum steigen zu können.

Die Mütter schauen mich wieder böse an, sie müssen wieder ihre Kinder zurückhalten.

Die Kinder und ihre Mütter sind mir völlig egal.

Das hier muss ein Verbindungstor sein.

Irgendeine Ecke der Lacke habe ich gestern sicher übersehen und suche und fühle mit der Fußspitze Zentimeter für Zentimeter ab.

Ich rutsch aus, falle auf den Bauch, mit dem Gesicht in die

Lacke hinein.

Die Kinder lachen.

Ihre Mütter sind empört, sie beschweren sich bei mir über den Unsinn, den ich hier treibe.

Das ist mir alles völlig egal. Wenn die wüssten, was ich jetzt sehe.

Ich kann durch den Boden der Lacke wie durch ein Glasfenster auf eine Treppe sehen, die tief hinunter führt.

Der Mann der Stadtbahnaufsicht packt mich an der Schulter.

Ich steh auf, er fragt mich, was das hier soll.

Die Mütter haben sich bei ihm beschwert.

Ich sag ihm, das wäre mir völlig egal und gehe.

Am nächsten Tag kümmere ich mich nicht mehr um die Lacke. Ich habe die Treppe gesehen und das genügt.

Die Spur führte ja in die Stadtbahn.

Ich warte auf die Stadtbahn.

Die Mütter mit ihren Kindern warten auch, sie achten nicht auf mich, ich achte nicht auf sie, sie sind mir völlig egal.

Ich fahre mit der Stadtbahn herum, wechsle von einer Linie zur anderen. Stunden um Stunden fahre ich herum, aber ich kann nichts entdecken.

Ich werde unsicher, bleibe aber trotzdem sitzen und fahre weiter. Es lohnt sich.

Der Greif tippt mir von hinten auf die Schulter. Ich dreh mich um, er zwinkert mir zu, er freut sich, mich zu sehen.

Seit meinem Sturz in die Lacke hat sich mein Blick verändert, ich sehe nun, was alle anderen hier in der Stadtbahn nicht sehen.

Alle möglichen Fabelwesen fahren mit der Stadtbahn herum.
Keiner der Fahrgäste bemerkt ihre Anwesenheit.
Der Greif setzt sich neben mich und wir fahren mit der Stadtbahn durch die Stadt.

„Ich zeig dir was." Sagt der Greif, dann streift er einer alten Dame die Handtasche von der Schulter.
Niemand hilft ihr, sie aufzuheben, sie muss sich mühselig bücken und flucht wie eine böse Hexe über die Zeit, in der sie jetzt leben muss. Sie klagt den ganzen Waggon an und verkündet den Schuldspruch:
Das hätte es früher nicht gegeben.
Doch niemand hört ihr zu.
Ein Basilisk drängt einen dicken kleinen Jungen auf einen freien Sitz, obwohl ein alter Herr mit Stock sich dorthin setzen wollte. Der kleine dicke Junge kann auch den Sitz nicht frei machen, der Basilisk zwingt ihn, dort sitzen zu bleiben.
Der Alte fängt zu toben an, fuchtelt wild mit seinem Stock herum und, wenn er nur könnte, würde er den Jungen erschlagen.
Eine Sphinx schlägt ganz elegant mit ihrem Schwanz ein Eis aus den Händen eines kleinen Mädchens. Das Eis fällt auf das Kaschmirkostüm einer eleganten Dame. Die Mutter faucht das Mädchen an, pass doch auf, und haut ihr eine runter. Die elegante Dame droht mit dem Rechtsanwalt.
Ein Zwerg huscht unter den Bänken durch und zwickt Laufmaschen in die Strümpfe von alten Mütterchen und jungen Mädchen.

Egal ob alt oder jung, sie verwandeln sich in Furien und fluchen wie wild über ihre kaputten Strümpfe.

Ein feinsinniger Kentaur stopft einem Jugendlichen seine grauenhaft riechende Pizzaschnitte tief in den Mund hinein. Er verschluckt sich und erstickt fast dabei. Seine Freundin findet das so lustig, dass sie schallend auflachen muss. Er droht ihr mit Schlägen, sie beschimpft ihn als impotenten Angeber und macht gleich Schluss mit ihm.

Elfen und Alraune, Sirenen und Medusen, ja selbst ein Einhorn lässt es sich nicht nehmen, die Fahrgäste der Stadtbahn um den Verstand zu bringen.

Ich schau den Greif fragend an.

Er grinst mich an und sagt:

„Wir helfen euch, eine Horde Wilder zu bleiben.

Das macht ihr gut.

Ihr seid fabelhaft!"

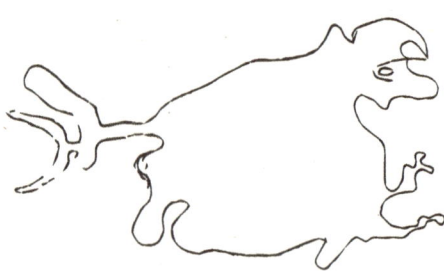

Erlkönig, wie er hinter einer alten Weide so grau verschwindet.

Langsam

Ein Mann allein im Nebel.
Den Weg kennt er gut, er ist ihn schon oft gegangen, er wird
sich trotz des dichten Nebels sicher nicht verlaufen.
Er muss eine kaum befahrene Landstraße überqueren.
Dieser Abschnitt der Landstraße führt lange nur geradeaus.
Jeder fährt hier sehr schnell, oft auch viel zu schnell.
Der Mann überquert die Straße.
Es geht alles erstaunlich langsam.
So langsam hat er noch nie die Straße überquert.
Ist es der Nebel oder was mag der Grund dafür sein?
Die Antwort wird sich zeigen, schneller als man denkt.

Mitten auf der Straße, spürt er zwischen seinen Beinen einen
kühlen Wind.
Sein Hosentürl steht offen.
Er geniert sich und, obwohl niemand da ist, will er sein
Hosentürl zumachen.
Mitten auf der Straße will er jetzt sein Hosentürl zumachen!
Aber der Reißverschluss klemmt.
Weiß der Teufel warum!
Und wir können uns sicher sein, er weiß es.

In diesem Moment rasen zwei Autos aus beiden Richtungen
auf den Mann zu.
Weiß Gott, die beiden Autos fahren viel zu schnell!
Und wir können uns auch hier sicher sein, er weiß es.

Genauso gut, wie es vorhin der Teufel wusste.

Das eine Auto ist weiß, das andere ist schwarz.

Es sind beide Mittelklasseautos derselben Firma und desselben Typs.

Die beiden Autos bremsen und stoppen knapp vor dem Mann.

Er steht nun mit einem offenen Hosentürl zwischen einem schwarzen und einem weißen Mittelklasseauto derselben Firma und desselben Typs.

Die Fahrer steigen aus ihren Autos und bleiben neben ihnen stehen. Als wären sie an ihre Autos gefesselt und müssten in ihrem Wirkungskreis bleiben.

Sie winken den Mann zu sich und fragen sehr höflich, ob sie behilflich sein könnten.

Sie bieten an, ihn mitzunehmen.

Sie bemühen sich um ihn.

Beide Fahrer wollen den Mann in ihr Auto bekommen. Sie buhlen richtig um den Mann.

Der Mann ist aber mit seinem Hosentürl noch nicht so weit und reagiert nicht.

Die Fahrer fangen zu streiten an.

Der Mann reagiert nicht.

Sie versuchen es mit den schönsten Versprechungen.

Der Mann reagiert nicht.

Die Fahrer, als ob sie eine unsichtbare Sperre vor sich hätten, können nicht an den Mann heran. Sie fangen an, ihn zu beschimpfen.

Der Mann reagiert nicht.

Sie befluchen sich gegenseitig und auch den Mann.

Der Mann reagiert nicht.

Außer sich vor Zorn setzen sie sich wieder in ihre Autos, schmeißen die Türen zu und fahren weg.

Jetzt schafft es der Mann endlich sein Hosentürl zu zu machen.

Er ist ein wenig stolz, dass er es geschafft hat.

Und wie ein Kalenderspruch, den man gar nicht lesen will, aber trotzdem liest, fällt ihm ein:

„Taten sagen mehr als 1000 Worte"

Mitten auf der Straße dreht er um und geht den Weg, den er schon so oft gegangen ist, wieder zurück.

Was soll ich jetzt zu Hause, denkt er.

Also geht er ins Wirtshaus, setzt sich zu ein paar Freunden an den Tisch und bestellt ein Bier.

Er hört zu, was die so reden und denkt sich, wieso bin ich denn bei dem Nebel raus gegangen, was wollte ich denn?

Egal.

Taten sagen mehr als 1000 Worte, fällt ihm wieder ein.

Und er ist stolz auf sich, als hätte er was großes vollbracht.

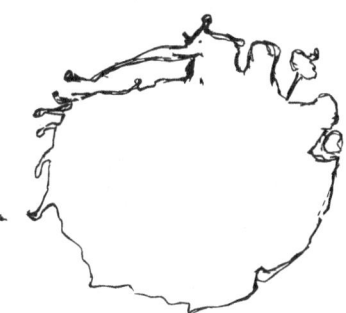

Vieles wurde ihm zugetragen, alles hat er behalten.

Robinson Crusoe 4

Robinson Crusoe war wieder einmal auf eine Insel gespült worden.

Alle Einheimischen versteckten sich, als sie diesen Fremden an ihrem Strand sahen.

Ach Gott, das ist ja Robinson Crusoe, sagten die Einheimischen und fragten ihn:

„Warum lässt du dich immer auf eine Insel spülen, das kann doch nicht gesund sein, hast du denn sonst nichts zu tun?"

Robinson Crusoe antwortete:

„Nein, das versteht ihr nicht, mir ist doch großes Unrecht angetan worden,

deshalb bin ich hier."

Die Einheimischen fragten ihn:

„Werden alle, denen großes Unrecht angetan wird, auf unsere Insel kommen?"

Robinson Crusoe antwortete:

„Das kann ich euch nicht sagen, ich bin doch der Erste."

Dann warfen ihn die Einheimischen im hohen Bogen weit ins Meer hinaus und riefen ihm zu:

„Sag doch all den anderen, denen großes Unrecht angetan wird, sie sollen sich eine andere Insel suchen."

Robinson Crusoe war das alles sehr peinlich, er sprach nie darüber und hat auch in seinem Buch nichts davon erwähnt.

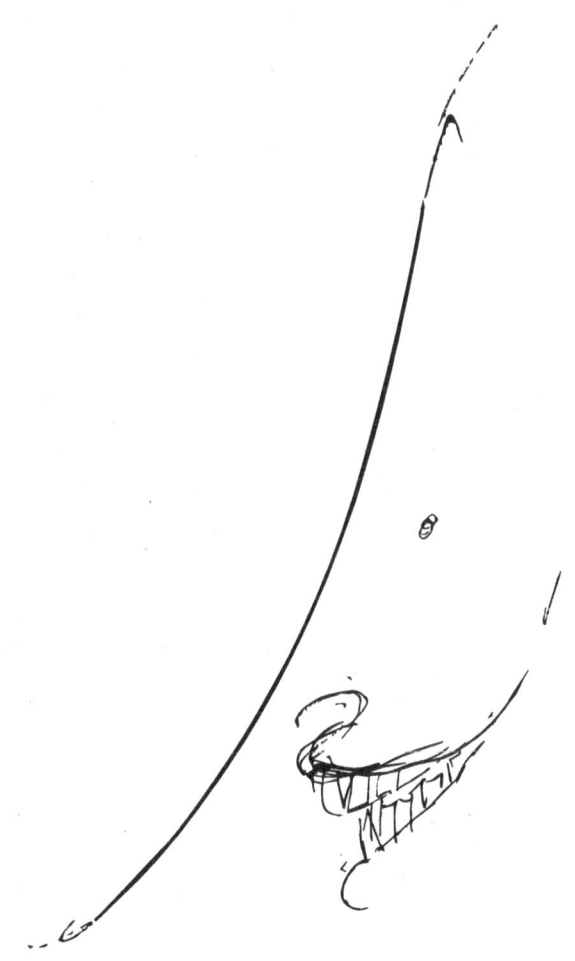

4. Gruppe

Paare

*Als Mensch hat man es gut und muss nur
zum Spazieren in den Wald.*

Wald

Ein Wildschwein lebte in einem Wald, warf sich in den Dreck, wühlte in der Erde, fraß, was ihm vor die Schnauze kam, und grunzte nach Herzenslust.

Laut und rücksichtslos.

Das heißt, es war glücklich.

Wir wissen nicht warum.

Wir wissen nicht wieso.

Vielleicht war es die Berührung einer heimtückischen Elfe.

Jedenfalls, dieses Wildschwein fasste eines Tages folgenden Entschluss:

Ich geh in die Stadt.

Sie kennen ja Wildschweine, wenn die sich was vornehmen, dann tun sie es auch.

Es drehte sich um, brüllte in den Wald hinein:

„Ich geh in die Stadt! Tschüss!"

Und ging.

Es ist unglaublich aber wahr, in dem Moment, als dieses Wildschwein die Stadtgrenze überschritt, verwandelte es sich von einem Schritt auf den anderen in einen Menschen.

Genauer gesagt in einen kräftigen und sportlichen Mann.

Er schaute nicht auf all die schönen Sachen der Stadt, ging nicht ins Theater, ins Kino oder ins Konzert, er ging geradewegs ins Zentrum.

Da fiel ihm dann nichts mehr ein und er brüllte, laut und rücksichtslos:

„Was soll ich jetzt tun?"

Er rief es immer und immer wieder:

„Was soll ich jetzt tun?"

Den Meisten fiel das gar nicht auf, einige dachten sich so ihren Teil und gingen weiter.

Eine Frau hörte ihm zu und gab ihm recht.

Das geht mir doch auch so, ich weiß auch nicht, was ich tun soll.

Sie sah ihn an.

Sah einen kräftigen und sportlichen Mann und dachte, ich mag ja solche Männer.

Sie überlegte kurz, dann nahm sie ihn mit nach Hause.

Dort lebten sie ein paar Jahre zusammen.

Das war günstig, besonders für ihn.

Aber sonst waren sie glücklich.

Sie redeten über alles.

Was hast du heute gemacht?

Wie wars so?

Wie gehts?

Was machen wir heute Abend?

Was machst du morgen?

Und einmal erzählte er ihr:

„Ach weißt du, eigentlich komme ich ja aus dem Wald."

Sie sagte:

„Ich auch."

Da beschlossen die beiden, einen gemeinsamen Ausflug in den Wald zu machen.

Als sie die Waldgrenze überschritten, verwandelte er sich von einem Schritt auf den anderen in ein Wildschwein zurück und sie verwandelte sich in eine Ziege.

Das Wildschwein grunzte nach Herzenslust.

Laut und rücksichtslos.

Es warf sich in den Dreck, wühlte in der Erde und fraß, was ihm vor die Schnauze kam.

Die Ziege entdeckte einen saftigen Happen, aber das Wildschwein legte sich genau auf diesen saftigen Happen drauf.

Sie rammte ihm ihre Hörner in die Seiten, das Wildschwein biss wild um sich, es flogen die Fetzen.

Sie kämpften bis zum Umfallen und irgendwann gingen sie in die Stadt zurück.

Beim Überschreiten der Stadtgrenze, von einem Schritt auf den anderen, verwandelten sie sich wieder in Mann und Frau und wussten nichts von dem, was im Wald geschehen war.

Ausflüge in den Wald machten sie nicht mehr.

Und wie ist es mit den beiden heute?

Ihre Beziehung ist solide.

Manche sagen, es gäbe Spannungen.

Andere behaupten, seit diesem Ausflug in den Wald mag er Ziegenkäse.

Überhaupt nicht wahr, Ziegenkäse rührt der gar nicht an, wird dem dann gleich widersprochen.

Man sagt auch, nach diesem Walderlebnis würde er manchmal ganz unmotiviert grunzen, sie könne das absolut nicht ausstehen und endlos darüber meckern.

Es wird so einiges, und auch das Gegenteil über die beiden behauptet.

Manchmal, wenn sie ihn so anschaut und er merkt es nicht, denkt sie sich:

Er ist halt ein Mann und beruhigt sich, weil sie einen hat.

Auch er schaut sie manchmal an und denkt sich:

Sie ist eben eine Frau und beruhigt sich, weil er eine hat.

Die heimtückische Elfe müsste noch einmal zu den beiden kommen und ihre Berührung wiederholen.

Aber das wird sie niemals tun.

Denn was Elfen lostreten, können selbst Elfen nicht mehr stoppen.

Ein Wildschwein, das sich von einer Glockenblume zur Welt bringen lässt.

Das Gartenhäuschen

1. Kapitel

Hans wohnt in einem Gartenhäuschen.

Das Gartenhäuschen hat eine hübsche Holzveranda.

Steht man auf der Holzveranda, sieht man in einen prächtigen Garten mit großen alten Bäumen und einer sanften hügeligen Blumenwiese, in der hie und da allerlei Büsche auftauchen.

Nicht alle Teile des Gartens kann man sehen, manche Teile sind versteckt und verwinkelt wie ein Labyrinth.

Kein Nachbarhaus ist zu sehen, man sieht nur Garten.

Und auf der Rückseite des Hauses?

Darf man denn Rückseite sagen?

Ist es nicht vielmehr eine zweite Vorderseite?

Aber nennen wir sie trotzdem Rückseite.

Auf der Rückseite des Gartenhäuschens ist ebenfalls eine Holzveranda.

Steht man auf dieser Holzveranda, sieht man genauso in einen Garten mit all den Sachen, die wir auf der einen Seite auch schon gesehen haben.

Auf dieser Seite wohnt Grete.

Das Gartenhäuschen hat keine Türe, durch die man von der Vorder- zur Rückseite des Hauses gelangt, und weder

der Hans noch die Grete haben je daran gedacht, um das Gartenhaus herum zu gehen. Sie denken sich, das ist mein Haus und wissen nicht, dass noch wer darin wohnt.

2. Kapitel

Hans hat manchmal Eingebungen.

Das schaut so aus:

An der Wohnzimmerwand hängt ein kleines Häuschen, ab und zu, Hans weiß nicht wann und weiß auch nicht warum, öffnet sich die Türe dieses Häuschens und ein Kuckuck erscheint.

Der Kuckuck ruft ihm etwas zu, das sich dann als Idee in seinem Kopf niedersetzt und ihn nicht mehr in Ruhe lässt.

Der Hans muss der Idee nachgehen.

Die Idee führt ihn durch den Garten direkt in den verwinkelten Teil, der wie ein Labyrinth ist, dort verläuft er sich und kommt lange nicht mehr heraus.

Es dauert oft Tage, bis Hans wieder zurückfindet, erschöpft setzt er sich dann auf seine Holzveranda und hat keine Ahnung mehr, welche Idee ihn da hinaus getrieben hat.

Der Kuckuck mit den Eingebungen, nennen wir ihn Eingabekuckuck, grinst dann hämisch. Das ärgert den Hans und er beschließt, nie mehr auf seinen Eingabekuckuck zu hören. Nutzt nichts, das nächste Mal geht er dem blöden Vieh wieder auf den Leim.

3. Kapitel

Grete zieht sich gerne hübsch an.

Am liebsten zieht sie sich lauter Glittersachen an.

Diese Glittersachen werden ihr gebracht von einem Zwerg.

Der Zwerg heißt Knilch.

Seine Herkunft ist unbekannt.

Er ist ein kleiner, bösartiger Kerl und hat überhaupt keine Kraft im Leib.

Er ist ganz schwammig und weich.

Er kann sich auch nicht schnell bewegen, doch kann er alles bringen, was man sich nur wünscht.

Und Grete wünscht sich von ihm immer diese hübschen Glittersachen, die sie so gerne anzieht.

Sie wird dabei nicht glücklich, weil der Knilch so böse ist und alles nur aus Gehässigkeit macht, doch was soll sie tun, er erfüllt ihr jeden Wunsch.

Hans und Grete werden sich nie im Leben treffen.

Hans hat zu tun mit seinen Eingebungen, die ihn zu keiner klugen Idee führen und Grete hat zu tun mit ihren Wünschen, die sie nicht glücklich machen.

So leben die beiden wie Männchen und Weibchen eines Wetterhäuschens.

Kommt er heraus, geht sie hinein, kommt sie heraus, geht er hinein.

Hans und Grete sind sich so nah, doch sie werden nie ein Paar.

4. Kapitel

Oh Mechanik!

Oh Mechanik!

Weshalb störst du die Bahnen dieses Schicksals!

Wieso mischst du dich ein?

Die Türen stehen offen auf der Vorderseite und auf der Rückseite.

Ein starker Wind, der sich gerade in der Gegend befindet, schleudert einen abgerissenen Baum durch die eine Türe ins Haus hinein, er durchbricht die Wand und saust durch die andere Türe wieder hinaus. Dann nimmt der Wind den Baum wieder mit und verzieht sich.

Wo Kräfte wirken, da bewirken sie auch was.

So will es die Mechanik.

Die Wand ist umgefallen und verbunden ist, was bisher getrennt war.

So einfach wird hier alles neu gemacht.

Die neue Situation ist, obwohl sie gerade erst begonnen hat, schon total verfahren

Der Knilch weiß sofort, was das bedeutet.

Die Grete, die er bisher für sich allein gehabt hat, sieht nun, dass es noch mehr als nur ihr Gartenhäuschen gibt.

Das will er nicht und er fängt ein böses Geschimpfe an.

Er beschimpft den Hans, der erstaunt da steht und blöd herum schaut.

Er beschimpft die Wand, weil die zu blöd ist, um stehen zu bleiben.

Er beschimpft das Gartenhäuschen, weil dieses von Anfang

an falsch gebaut worden ist.

Er hört nicht auf, auf alles zu schimpfen.

Der Hans, der so etwas noch nie erlebt hat, wendet sich an seinen Eingabekuckuck, aber der kommt erst gar nicht aus seinem Haus heraus.

Die Grete tobt, weil die Wand all ihre hübschen Glittersachen voller Staub und Dreck gemacht hat.

Der Hans versucht noch einmal, seinen Eingabekuckuck aus seinem Haus zu holen, aber die Tür bleibt zu und weil er ohne seine Eingebung gar nichts machen kann, bleibt er stehen und glotzt nur blöd.

Er glotzt auf die tobende Grete, den böse schimpfenden Knilch, auf das verschlossene Haus seines Eingabekuckucks und auf die Wand, die nicht mehr ist.

So wird das Einfachste zum Schwierigsten.

Das Einfachste wäre gewesen, erst einmal nett zu grüßen, sich die Sache gemeinsam anzuschauen und diese Gelegenheit zu nutzen, um sich kennen zu lernen.

Das Schwierigste ist nun, aus dieser Situation noch irgendetwas Sinnvolles zu machen.

Wollen wir denn, dass Hans und Grete ein glückliches Paar werden?

Sollen wir nicht einen Maurer holen, der die Wand wieder aufstellt?

Jeder soll sein eigenes Reich wieder zurück bekommen.

Lassen wir also den Hans so sein, wie er ist und die Grete lassen wir die Grete sein?

Deckel zu.

5. Kapitel

Nach ein paar Jahren heben wir den Deckel doch auf.

Der Maurer, der ist nicht gekommen.

Die Wand liegt immer noch so da.

Der böse Knilch sitzt vor dem Haus des Eingabekuckucks und wacht, dass der sein Haus nicht mehr verlassen kann.

Und Hans und Grete?

Sie haben das Gartenhäuschen schon längst verlassen.

Sie sind gemeinsam weg gegangen und haben sich lieb gewonnen.

Dennoch, der Hans vermisst die Ideen, die zu nichts führen und die Grete ihre schönen Glittersachen.

Hätten sie das Gartenhäuschen herrichten sollen?

Hätte sie das glücklicher gemacht?

Hatten sie denn die Wahl?

Nein!

Der Wind erlaubt so etwas nicht.

Der Wind!!!!!!!!

*Meine Zeichnung hat er weggewischt und selber was gezeichnet.
Aber was ist das?*

du bleibst

Du bleibst, sagte sie.

Zuvor hatte sie alle rausgeschmissen.

Nicht laut oder launisch, ganz liebenswürdig wie immer.

Nie war ihr jemand böse.

So ist sie.

Es war klar, das Fest ist vorbei.

Alle gingen, ich auch.

Du bleibst, sagte sie.

Die Anderen gingen, ich blieb.

Sie hätte zu jedem sagen können, du bleibst, und jeder wäre geblieben.

Aber zu mir hatte sie es gesagt.

Wir krochen tief in ihr Bett hinein.

Bum bum, bum bum, bum bum.

So tief waren wir hinein gekrochen, dass wir tief unter uns eine Trommel hören konnten.

Es war die Trommel eines weit entfernten Ureinwohners, die nur das Gemüt hören kann.

Wo war das Gemüt?

Es war in unsere Hände geschlüpft und war vollkommen zufrieden.

Mit diesen Händen voller Gemüt umarmten wir uns.

Der weit entfernte Ureinwohner kam ganz dicht zu uns heran und trommelte, trommelte die ganze Nacht.

Die nette alte Dame

Er lebt ganz weit draußen.

Dort kann er tun und lassen, was er will.

Die wenigen, die ebenfalls ganz weit draußen leben, sind genauso wie er.

Die, die weiter drinnen und fast schon in der Stadt leben, sagen über die, die ganz weit draußen leben:

„Das ist ja eine Verrohung der Sitten!"

Nun kommt es so:

Der von ganz weit draußen muss, um sein Überleben und sein Weiterkommen zu sichern, in die Stadt.

Auf Empfehlung und Vermittlung von Bekannten soll er sich bei einer netten alten Dame vorstellen, die ein freies Zimmer in ihrer Wohnung hat.

Ein Treffen ist telefonisch vereinbart und am nächsten Tag zieht er seinen einzigen Anzug an.

Ältere Damen mögen junge Männer in Anzügen, hatte man ihm gesagt.

Man hat ihm auch gesagt, er solle einen guten Eindruck machen, damit er das Zimmer bekommt.

Am nächsten Tag zieht er sich einen Anzug an und geht los.

Der Weg von ganz weit draußen bis herein ist sehr ruppig.

Er muss sich durch dornige Büsche zwängen, in schlammige Pfützen steigen und durch reißende Bäche laufen.

Als er sich der Stadt nähert, und in eine offenere und freundlichere Gegend kommt, ist an ihm nichts mehr heil.

Sein Anzug ist zerfetzt, seine Haut zerkratzt.

Blutig und schmutzig steht er auf einer Anhöhe und schaut auf die Stadt hinunter.

So nicht, denkt er sich.

So nicht.

So werde ich keinen guten Eindruck machen.

Könnt ich mich doch nur von oben bis unten neu einkleiden.

Aus einem Tümpel neben ihm taucht ein Frosch auf, schüttelt den Kopf und sagt:

„Tz, tz, tz, tz, tz, tz, tz.

Du schaust beschissen aus."

„Ha, ha, ha, ha, ha, was nützt es mir, dass du mir sagst, was ich ohnehin schon weiß.

Wenn ein Frosch schon so klug daher redet, so soll er mir was Besseres sagen."

Der Frosch ist beeindruckt, dass der Mann sich gar nicht darüber wundert, von einem Frosch angesprochen zu werden.

„Wie soll ich jetzt meine Zukunft anpacken? Deine blöde Rederei hilft mir auch nicht weiter." Sagt der Mann.

Der Frosch mag die direkte Art des jungen Mannes und er antwortet ihm:

„Weißt du was, ich helfe dir.

Ich gebe dir eine neue Hülle."

„Das ist großartig, genau das brauch ich jetzt.

Aber wieso machst du das?"

Fragt der junge Mann.

„Aaaaah, ich möchte nicht, dass die Menschen schlecht von uns Fröschen denken, sie sollen ein gutes Bild von uns haben."

Dabei grinst er ganz eigenwillig.
Der Mann weiß nicht, was dieses Grinsen soll.
Aber er denkt sich, Frösche mit ihrem breiten Maul machen für uns doch immer den Eindruck, als ob sie grinsen.
Dabei sollte der Mann ja nicht glauben, dass Frösche einem einfach nur so und ohne Hintergedanken helfen.

„Na gut, ich werde allen berichten, wie gut ihr Frösche seid, aber hilf mir aus meiner Not und gib mir jetzt was Neues zum anziehen."

Der Frosch sagt:
„So soll es sein, kein Problem.
Versprich mir nur, ein wahrer Frosch zu sein.
Verbinde dich in Liebe mit den Menschen, mache sie abhängig und bringe so unserer Art einen Vorteil."

Dumm, dass der Mann nicht über dieses Versprechen ein wenig nachdenkt und nur eilig sagt:
„Ja, ja, ja, ja, ja, alles was du willst, jetzt mach schon."

Und schwupp steht er in einer neuen Hülle da.

Er schaut sich an.

Seine zerrissene Kleidung, Blut und Dreck, alles weg.

Aber er hat nun etwas froschiges.

Was er nun trägt, ähnelt mehr einer Froschhaut als einer anständigen Kleidung.

„Was hast du gemacht!

Wie schau ich aus!

Was soll das jetzt!"

Der Frosch antwortet:

„Beruhig dich, beruhig dich, beruhig dich.

Es ist alles gut.

Die Froschhaut, die du jetzt trägst, hat einen Zauber in sich.

Außer dir kann sie niemand sehen.

Jedem, der dich sieht, wirst du erscheinen, wie es demjenigen am besten gefällt.

Du wirst daher nie zurückgewiesen oder abgelehnt werden."

Na gut, was soll ich tun, eine andere Wahl hab ich nun auch nicht mehr, denkt sich der Mann. Er sagt dem Frosch Lebwohl und geht in die Stadt.

Die ersten Leute, die ihm begegnen, grüßen höflich, ohne ihn zu kennen.

Scheinbar wichtige Männer in tadellosen Anzügen ziehen ihren Hut vor ihm.

Junge Frauen bleiben stehen und drehen sich nach ihm um.

Aha, der Frosch hat wohl recht.

Er geht nun recht selbstsicher zu jener netten alten Dame, bei der er das Zimmer bekommen soll.

Er klingelt.

Sie öffnet ihm die Türe.

Sie bittet ihn herein und bietet ihm einen Tee an.

Sie beginnt ein Gespräch. Es entwickelt sich ausgezeichnet und er scheint ihr gut zu gefallen.

Er schaut sie an.

Sie blickt an ihm vorbei.

Jetzt schaut er sich die Wohnung an.

Wie er sich so umschaut, denkt er an sein Leben ganz weit draußen und eine Enge, die er noch nie gespürt hat, befällt ihn.

Er verrückt seinen Sessel, um in ihren Blick zu gelangen, sie blickt noch immer an ihm vorbei.

Kein Zweifel, die Frau ist blind.

Da äußert sie einen Wunsch:

„Wie sie sicher bemerkt haben, bin ich blind und da ich sie nicht sehen kann, würde ich sie gerne berühren, damit ich den sehr guten Eindruck, den ich von ihnen habe, noch etwas verdeutlichen kann."

Er rückt ganz nah zu ihr heran.

Sie berührt seinen Arm.

Bei ihr kann der Zauber der Froschhaut nicht wirken.

Man kann ihr nicht vortäuschen, so auszusehen, wie es ihr gefällt.

Sie spürt die Haut eines Frosches und zieht ihre Hand schnell von ihm zurück.

Sie denkt, nein, bloß nicht der.

Im selben Moment fällt ihr das alte Märchen mit dem Frosch ein und sie weiß was geschieht, wenn man ihn gegen die Wand wirft.

Da findet sie in ihrem alten Herzen liebliche Gefühle.

Der Mann ist durch seine neue froschige Natur ganz verfeinert und versteht sofort alle Regungen der netten alten Dame.

Nun ist er aber an sein Versprechen, das er dem Frosch gegeben hat, zwingend gebunden und hat keine Möglichkeit mehr, von hier weg zu kommen.

Die nette alte Dame war zuerst in Verwirrung geraten, als sie die Froschhaut spürte.

Sie überlegt.

Soll sie das nicht mehr Erwartete eintreten lassen?

Die Kraft finden, diesen Frosch an die Wand schmeißen und alle Resultate willkommen heißen?

Oder soll sie so tun, als hätte sie nichts bemerkt, und einfach eine nette alte Dame sein?

Dem jungen Herrn das Zimmer vermieten und nie mehr an diese lieblichen Gefühle in ihrem alten Herzen denken.

Sie ist nun mit ihren Entschlüssen sehr, sehr langsam.

So sitzen sie nebeneinander.

Er kann nicht weg, sie kann sich nicht entscheiden.

Sollen sie eben sitzen bleiben.

Lassen wir ihnen ihre Zeit.

Es gibt doch genug davon.

Die Windsbraut und der Reitersmann

In einem Land, da lebt ein hurtiger Reitersmann, der reitet mit seinem Reitgetier gar munter durch dieses Land.

Das Wetter ist sonnig, das Land ist es auch, wie sollte da das Herz des Mannes nicht auch das sonnigste sein.

Dieser Mann ist glücklich.

Hei Reitersmann!

Gib Acht und fall nicht über Stock und fall nicht über Steine.

In einem Land, da weht der Wind.

Der Wind, der Wind, das himmlische Kind.

In einem Land, da geht die Windsbraut um.

Sie hat einen großen Windbeutel dabei, mit dem fegt sie herum und packt sich ein, was ihr gefällt.

Ganz ohne zu fragen.

Ganz wie sie eben so ist, denn sie ist die Windsbraut.

Der hurtige, glückliche Reitersmann reitet, was er nur reiten kann und fällt nicht über Stock und fällt nicht über Steine.

Er reitet ohne Unterlass, als wäre sein Glück nicht zu bremsen.

Hei Reitersmann, gib Acht!

Die Windsbraut!

Oije!

Sie fegt herum, ganz wie sie will und wie sie eben so ist, denn sie ist die Windsbraut.

Sie tobt wie eine Irre.

Immer schneller und schneller und rundherum und in ihrem Windbeutel fängt sie ein, was ihr gefällt.

Sie fängt den Reitersmann mit samt seinem Reitgetier und Stock und Stein packt sie auch noch ein.

Jetzt hat sie alles mitgenommen, da beruhigt sie sich und legt sich in ihren Windbeutel hinein.

Armer Reitersmann, wieso hast du nicht besser aufgepasst.

Da?

Da schaut her!

Der Windbeutel bewegt sich, da drinnen tut sich was.

Aber was?

Da!

Die Windsbraut und der Reitersmann kriechen aus dem Windbeutel hervor.

Schaut euch die beiden jetzt an.

Er hat sie im Windbeutel glücklich gemacht, weil soviel Glück ist einfach nicht zu bremsen.

Gemeinheit!!! Wieso sollte so ein dummer Hund wie er ein glücklicheres Leben führen als ich.

Er und der Chef sind gute alte Freunde.

der gute alte Freund

Er grüßte freundlich, ging durch all die Empfangs- und Vorzimmer, an all den Mitarbeitern und Mitarbeiterinnen vorbei.

Er ging zum Chef.

Er klopfte an der Cheftüre.

Er hörte die Schritte des Chefs näher kommen.

Kurz bevor der Chef die Türe öffnete, blies er sich auf, unbändig groß blies er sich auf.

Als der Chef die Türe öffnete, fiel es dem Chef gar nicht auf, dass sein guter alter Freund so aufgeblasen war.

Sie umarmten sich wie gute alte Freunde.

Für den Chef fühlte sich diese Umarmung etwas – komisch – an.

Er hatte den Eindruck, er könne seinen guten alten Freund gar nicht richtig umarmen.

Es war nur eine halbe, eher eine Viertelumarmung.

Es war eigentlich nur ein Drücken in die weichen Seiten des guten alten Freundes.

Der Chef bat den guten alten Freund in sein Chefzimmer herein.

Und schon wieder fiel es dem Chef gar nicht auf, dass es für

141

den guten alten Freund fast unmöglich war, sich durch den viel zu engen Türrahmen zu drücken.

Der Chef sagte, setz dich, und setzte sich selbst auf den Chefsessel hinter dem Schreibtisch.

Der gute alte Freund erzählte, über all die großartigen und tollen Sachen, die er gemacht hatte, denn sie hatten sich schon lange nicht mehr gesehen.

Er erzählte und erzählte, bis ihm endlich die Luft ausging.

So unbändig groß, wie er sich aufgeblasen hatte, so mickrig und klein saß er nun in seinem Sessel.

All sein Aufgeblasenes war nun ausgeblasen.

Nun hatte er nichts mehr zu sagen.

Dem Chef fiel das schon wieder nicht auf.

Der gute alte Freund sah für ihn aufgeblasen und ausgeblasen gleich aus.

Jetzt fragte ihn der Chef und was führt dich zu mir?

Da kam es raus.

Der gute alte Freund war als Bittsteller gekommen.

Der Chef sagte recht freundlich nicht viel, nur so viel, dass von der Bitte nichts übrigblieb.

Dann lächelte er und versicherte, dass sein Besuch eine große Freude war, und begleitete ihn zur Tür hinaus.

Zum Abschied umarmten sie sich wieder.

Nun kam es dem Chef vor, als könnte er den guten alten Freund grad zweimal umschlingen.

Dem guten alten Freund fiel nichts mehr ein und er ging.

So und nun:

Hätte der gute alte Freund doch seine Bitte gestellt, als er noch voll aufgeblasen war.

Das hätte dem Chef vielleicht imponiert, zumindest aber hätte der gute alte Freund den Chef mit all seiner Aufgeblasenheit einfach wegblasen können, als dieser lächelte und ihn zur Tür begleitete.

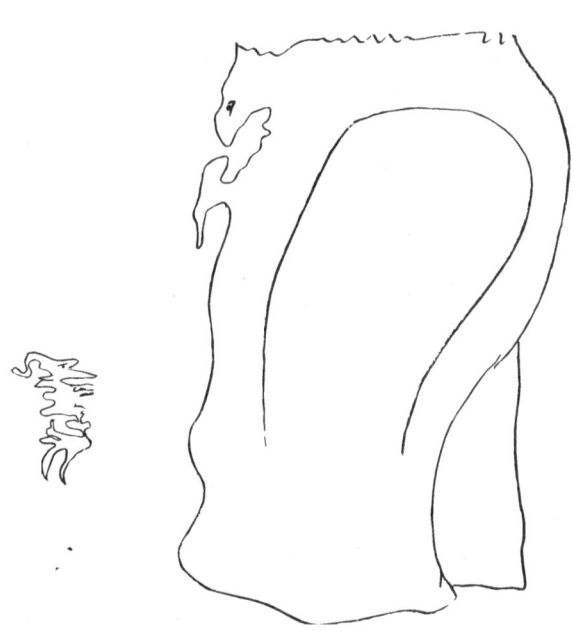

Der Verzichtserklärungsmann geht um.
Er fordert Verzicht ohne Ende.

Hans Mühsam – Hans' Mädchen

Dem Hans gehts gut.

Er hat viel Geld.

Woher er das hat, das weiß er gar nicht.

Er hat es und darum geht es ihm gut.

Hans ist niemandem böse, er hat alle lieb.

Arm liebt Reich und Reich liebt Arm und das Reich der Armen liegt im Arm der Reichen.

Das findet er gut.

Hans will ein Mädchen.

Er geht auf die Straße und schaut nach den Mädchen.

Da sieht er ein Mädchen, das findet er gut.

Er sagt zu dem Mädchen:

„Ich finde dich gut."

Sie sagt nichts, schüttelt den Kopf und geht weiter.

Er geht ihr nach.

Den ganzen Tag folgt er ihr, bis sie abends nach Hause geht.

Jetzt weiß er, wo sie wohnt.

Hans klopft an ihre Türe, sie öffnet die Türe, er sagt zu ihr:

„Ich heiße Hans, habe viel Geld, bin nett und schau gut aus, ich hab dich gesehen und finde dich gut."

„Hans" sagt das Mädchen, „Hans, sei nicht mühsam, das sagst du mir nun seit heut in der Früh."

„Na und"

sagt der Hans,

„dann sag ichs noch einmal, ich habe viel Geld und finde dich gut."

„Jetzt reichts!"

sagt das Mädchen und schmeißt dem Hans die Tür vor seiner Nase zu.

„Dir reichts?! Aber ich bin reich, viel reicher als du!"

Ruft der Hans.

Da holt er sein Geld, legts ihr vor die Türe und wartet, bis sie raus kommt und über sein vieles Geld stolpert.

Sie kommt aus der Tür, sieht das viele Geld und sagt zu Hans: „Das find ich jetzt gut."

Jetzt hat Hans sein Mädchen, aber mühsam wars doch.

Die Natur – der Strauch

Zuerst war die Natur und dann kam der Mensch.

Die Natur war vor dem Menschen mit sich allein und daher eher ungezwungen und locker.

Da gab es Sachen!

Großartig!

Die Bäume liefen herum und liebten sich.

Das mit der Bestäubung kam erst viel später.

Wer bestäubt sich schon gerne, wenn man sich doch lieben kann.

Aber nicht nur die Liebe, auch Wut und Zorn wurden völlig anders ausgelebt.

Bäume beschimpften sich.

Die Eiche nannte die Buche ein dummes Schwein, dann rannte die Buche der Eiche nach und sie verprügelten sich aufs heftigste.

Aber als der Mensch kam, hat sich alles verändert.

Die Natur wurde vom Auftreten des Menschen dermaßen erschreckt, dass sie sich mit einem Schlag ins vegetarische verwandelte.

Ganz grün ist sie geworden von dem Schreck.

Die Bäume und Blumen sind wie angewurzelt stehen geblieben, als ob sie nicht mehr laufen könnten.

Ja und die Tiere, als die das erste Mal einen Menschen sahen, da hat es ihnen vollkommen die Rede verschlagen.

Die haben gleich gar nichts mehr gesagt, haben nur noch so daher gemacht:

Määääääääh.

Bäääääääääh.

Muuuuuuuuh.

Und seither versteht man sie nicht mehr.

Woher kam der Schock?

Der Mensch hat ewig etwas auszusetzen.

Das ist zu sumpfig, das ist zu trocken, das zu stachelig und das zu bitter, das ist zu klein und das zu groß, usw. usw. und dann macht er so lange herum, bis es nicht mehr sumpfig, trocken, stachelig oder bitter ist.

Der Mensch ist eine Plage und die Natur hat darüber ihren Humor verloren.

So ist das.

Traurig, aber wahr.

Einen gab es, der wurde deshalb nicht mehr froh.

Er fühlte sich mitschuldig an dieser Geschichte.

Er konnte den stillen Vorwurf der Natur verstehen.

Er stellte sich in die Natur und sprach zu ihr:

„Mich wundert es nicht, dass du nicht mehr mit uns redest.

Ich habe daher auch angefangen, mich von den Menschen zu distanzieren.

Ich rede nur noch mit Tieren und Pflanzen, jeglicher Kontakt zu Menschen ist mir unerträglich.

Was die Menschen sagen ist meistens bösartig.

Ja, ich muss es so sagen – unnatürlich.

Je mehr der Mensch redet, umso komplizierter wird alles."

Aber auch der Natur gegenüber hatte er seine Vorlieben.

Lieber redete er mit Pflanzen als mit Tieren, am liebsten mit

Sträuchern, die schienen ihm die freundlichsten zu sein.

Er sprach gerne alleinstehende Sträucher an:

„Oh Strauch, ich mag dich gern,

magst du mich auch?"

Und noch nie hat einer nein gesagt.

Also sprach er weiter mit dem Strauch:

„Du, Strauch, würdest du mit mir gehen?"

Und der Strauch war einverstanden.

Er riss ihn aus und nahm ihn mit.

Aber schon nach wenigen Tagen war der Strauch nicht mehr

frisch und machte schlapp.

Jetzt war er wieder allein.

Mensch und Natur, die haben es wirklich schwer miteinander.

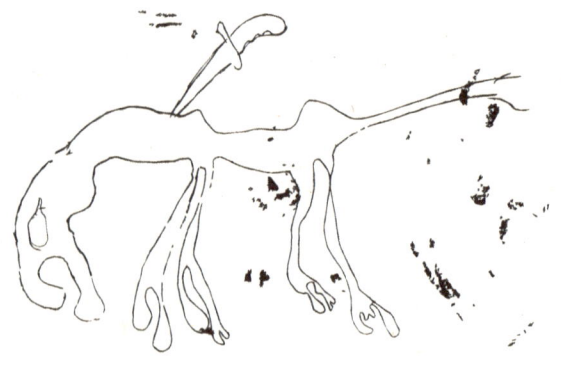

Der geschmeidige Jaguar, von einem Messer zu Tode verwundet.

die Katze
einer verwöhnten Königin

Für diese Wanderung habe ich mich so vorbereitet:
Nichts mitnehmen, nur ja nichts mitnehmen.

Raus hier, nur raus hier.
Wie närrisch renne ich los.
Hinauf, hinauf.
Renne, bleib stehen, schmeiße mich ins Gras, renne weiter,
lege mich wieder ins Gras, rieche an jeder Blume, reiß sie
mit den Zähnen aus und spucke die Blütenblätter hoch in
die Luft.

Weiter, weiter.
Nicht alles sehen, nicht alles beschnuppern.
Ich steige höher, jeder Schritt gibt mir einen neuen Blick,
eine freie Aussicht.
Ich drücke mich in eine warme sandige Mulde.
Wie die Katze einer verwöhnten Königin.

Närrisch wieder, renne ich los.
Wie übereinander geschlagene Beine legt sich die Landschaft
vor mich hin.
Ich renne vor bis zum Knie, bis zum Abgrund.
Gierig schau ich hinunter.
Mir wird schwindlig.
Sofort weg von hier!

Ich spring in ein Wasser, wälze mich im Schlamm.
Der Schlamm trocknet, manches fällt ab, vieles bleibt an mir hängen.
Ich werde hoch gehoben, gebadet, getrocknet.
Die Riesin, auf der ich so närrisch herum laufe, wiegt mich sanft und drückt mich an ihr Herz.

Rrrraaaaaahh

Ich schnurre wie ein Kätzchen.

Zwei Maden voll mit Begierde.

Die Geschichte
vom Mädchen Schwertlilie
und dem Nachtfalter

Die Luft ist der Ort der Gesänge.

Und aus der Luft kam ein Gesang zu mir.

Es war ein Pieps und ein Fieps und ein Achichhabdichjasolieb.

Ich wollte sehen, woher der Gesang kam und suchte in der Luft herum.

Aber ich suchte in der falschen Richtung, denn sie stand schon neben mir.

Das Mädchen Schwertlilie, in ihrem weißen Kleid mit zarten gelben Mustern und blauen Rändern.

Mit einem Grollen und einem Rollen kam die Nacht, umarmte die Luft und sie wurde dunkel.

Ich hörte ein Schnurren und ein Nachtfalter kam aus der Nacht heraus.

Ich rief:

„Hei, Nachtfalter, was schnurrst du so herum?"

Der Nachtfalter beachtete mich gar nicht und flog zum Mädchen Schwertlilie, er flüsterte ihr zu:

„Und wenn deine Blüte die Schönste ist, dann suche dein letztes Haus in einem Nachtfalter."

Der Nachtfalter öffnete seine Flügel, das Mädchen legte sich in ihn hinein und die beiden schnurrten in die Nacht zurück.

im Brunnen

Ich steig in den Brunnen hinunter, dort treffe ich den Frosch.
Ich habe eine Vereinbarung mit dem Frosch.
Der Frosch weiß Bescheid.
Ich verabrede mit ihm das Notwendigste, dann geh ich wieder.

Am nächsten Tag steig ich wieder in den Brunnen hinunter und erkundige mich erneut.
Der Frosch sagt mir, ich soll nicht so ungeduldig sein und er würde sich bei mir melden und ich soll nicht mehr kommen, sonst würde ich alles nur verderben.
Ich steige nicht mehr in den Brunnen, komme aber jeden Tag vorbei und stelle mich gut sichtbar in die Nähe des Brunnens.
Der Frosch soll mich sofort finden, wenn er was hat.
Der Frosch kommt nicht aus seinem Brunnen heraus.
Ich dagegen komm jeden Tag zu dem Brunnen.

Was denkt sich dieser blöde Frosch, mich so warten zu lassen.
Was denk ich mir, wenn ich so warte.
Ich denke:
Betrug!
Verrat!!
Verleumdung!!!

Und denke:

Der Frosch hat unsere Vereinbarung gebrochen.

Die Gedanken, mit denen ich allein gelassen werde, sind das beste Werkzeug, mir meine eigene Hölle zu bauen.

Der Frosch sitzt in seinem kühlen Brunnen.

Ich brenne in meiner eigenen Hölle.

Aus dieser Hölle steigt ein Teufel heraus, bläht sich auf, faucht und tanzt um mich herum, verbreitet einen bestialischen Gestank, wird immer größer, sticht mich mit seiner Gabel und schreit dabei, tu was, tu was, tu was!

Ich kann es nicht mehr ertragen.

Ich halte es nicht mehr aus.

Ich spring in den Brunnen.

Dort sitzt der Frosch ganz unbeirrt.

Er ist ganz kühl, sagt nur:

„Hau ab."

Ich weiß, das war jetzt ein Fehler.

Wenn sich was Neues ergeben hätte, wäre der Frosch doch gekommen.

Ich steige aus dem Brunnen und geh.

Wenigstens ist dieser stinkende Teufel nicht mehr da.

Ich komme jeden Tag wieder zum Brunnen und warte, bis ich es schon wieder nicht mehr aushalte.

Langsam, langsam, diesmal mach ich es anders.

Ich geh zum Brunnen, ruf den Frosch, frag ihn, ob er unten ist.

Frag ganz höflich, ob ich zu ihm hinunter steigen darf.

Ich hätte ihm was Wichtiges zu sagen.

Er antwortet mit Ausflüchten.

Er will nicht, dass ich komme.

Ich bestehe darauf und verhandle so lange, bis er endlich einwilligt.

Ich steige in den Brunnen hinunter.

Da sitzt er wie vorhin, kühl und abweisend. Ich erinnere ihn an unsere Vereinbarung.

Ich hatte ihn vor einiger Zeit aus dem Maul einer Schlange befreit und er hatte mir zum Lohn eine neue Liebe und ein neues Glück versprochen.

Der Frosch schaut mich groß an und fragt mich:

„Du glaubst wohl noch an Märchen?"

Ich antworte ihm:

„Ja selbstverständlich, sonst hätte ich dich auch der Schlange lassen können."

Der Frosch schaut noch immer groß, er nickt und sagt:

„Versteh, versteh."

Dann bricht es plötzlich aus ihm heraus:

„Aber ich bin doch nur ein Frosch, ich kann das nicht.

Ich bin weder verzaubert, noch kann ich dir irgendeinen Wunsch erfüllen. Das geht nicht. Ich bin keine Fee, ich bin doch nur ein Frosch.

Ich kann dir keine neue Liebe und kein neues Glück geben, vergiss es!"

Ich bin enttäuscht, der Frosch hat mich betrogen, ich habe

sein Leben gerettet und er hat sein Versprechen nicht erfüllt.

Wir schauen uns lange an.

Ich schaue bedeutungsvoll.

Er zuckt mit den Schultern.

Ich steig aus dem Brunnen und lebe mein Leben weiter wie zuvor.

Wochen später kommt der Frosch zu mir.

Jetzt bin ich kühl.

Der Frosch beginnt sich zu entschuldigen:

„Es tut mir furchtbar leid.

Ich weiß, ich habe dich betrogen und seit Wochen zerbreche ich mir den Kopf, wie ich das bei dir wieder gut machen kann.

Ich hab da vor langer Zeit eine goldene Kugel in meinem Brunnen gefunden.

Ich weiß nicht, was ich mit ihr machen soll, aber vielleicht ist sie was wert und du kannst sie verkaufen.

Komm, nimm sie und sei mir nicht mehr böse."

Ich nehme die Kugel, sehe den guten Willen des Frosches, akzeptiere seine Entschuldigung und wir verabschieden uns.

Ich bringe die Kugel zu einem Juwelier und lasse sie schätzen.

Der Juwelier dreht die Kugel in seiner Hand herum, betrachtet sie fachmännisch, schätzt das Gewicht der Kugel und ihren Goldgehalt, dann sagt er:

„Solche Kugeln werden schon lange nicht mehr gemacht, sie ist recht alt aber der Wert ist nicht sehr hoch.

Solche Kugeln wurden eine Zeit lang als Kinderspielzeug verwendet.

Woher haben sie die Kugel?

Wenn sie wollen, kann ich mich um einen Käufer umschauen."

Seine Frage, woher ich die Kugel habe, beantworte ich nicht, pack die Kugel wieder ein und sag ihm, dass ich keinen Käufer brauche und verlasse das Geschäft.

Auf der Straße gehe ich an einem kleinen, ungezogenen Mädchen vorbei. Sie zerrt am Arm ihrer Mutter, deutet mit ihrem Finger auf mich und schreit:

„Mama! Mama!

Der Mann da hat meine Kugel!

Der Mann hat meine Kugel!

Das ist meine Kugel!

Mama!

Da!"

Die Mutter bleibt stehen, entschuldigt sich bei mir, sagt dem kleinen Mädchen, dass es nicht so ungezogen sein soll und zieht das Mädchen mit sich fort.

Das Mädchen schaut noch lange zurück und deutet mir, dass es ihre Kugel wäre.

Ich glaube ihr.

Meine neue Liebe?

Mein neues Glück?

Aber es ist doch nur ein kleines Mädchen.

hinter meinen Augen

Hinter meinen Augen liege ich und schau aus meinen Augen hinaus.

Ich liege ganz bequem in einem .... einem was?

Ich kann es nicht sagen, doch lieg ich ganz bequem darin.

Ich schau hinaus und sehe, da geht wer.

Der geht weg und dreht sich nochmals um.

Bleibt stehen.

Es ist eine Frau, die schaut in meine Augen hinein, ich ducke mich.

Sie schüttelt den Kopf und geht.

Ich hätte mich gar nicht ducken müssen, meine Augen sind dicht, niemand kann herein schauen.

Neben mir rinnt ein Wasser aus meinen Augen.

Ich bin neugierig und koste das Wasser, es schmeckt salzig.

Seltsam, was ist das?

Es ist ein kleines Rinnsal, das sich hinter meinen Augen etwas staut und dann aus meinen Augen tropft.

Ich bin allein, doch ich liege bequem.

Nun bin ich lange genug bequem herum gelegen und ich suche Unterhaltung.

Ich finde sie.

Ein buntes Pferd kommt.

Das Pferd bleibt stehen.

Ich steig auf.

Das Pferd steht und geht nicht weiter.

Ich geb ihm die Sporen aber ich komm nicht voran.

Es ist das bunte Pferd eines Ringelspiels.

Ich gebe ihm die Sporen, aber im Ringelspiel gibt es kein Überholen.

Vor mir ist ein anderes buntes Pferd.

Ewig nur Zweiter, denk ich.

Ich schau wieder aus meinen Augen hinaus.

Die Frau ist jetzt weg.

Ewig nur Zweiter, denk ich.

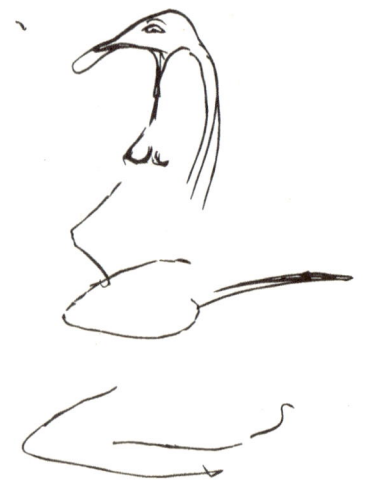

Eine Gitarre spielende Schönheit, unvollendet.

Der Langemann

Über allen Wipfeln, dort bei der Ruh, da geht der Langemann.
Seine dünne elegante Gestalt, wie ein paar Striche im Licht.
Schritt für Schritt, von Wipfel zu Wipfel, so geht er über die
Bäume, als hätte er kein Gewicht.
Und die Bäume tragen ihn gern.
Mit dem Rauschen ihrer Blätter rufen sie ihm zu:
„Hei Langemann, geh doch zu Luna,
sag ihr, dass du sie liebst!"

Und Langemann hört auf den dummen Rat der Bäume.
In den Wäldern, über den Bäumen, gehört ihm die Welt.
So elegant, wenn er über die Bäume geht.
Aber bei den Frauen wird ihm die Welt so eng und klein, da
weiß er gar nicht was tun.
Langemann nennen ihn nur die Bäume, eigentlich heißt er
– IchwilldochauchnurmeinenTeilvomGlück –
Aber machen wir es wie die Bäume und nennen ihn auch
Langemann.

Langemann setzt sich auf einen Wipfel und sagt zu den
Bäumen zu:
„Alle reden immer von Liebe.
Was habt ihr denn alle mit der Liebe, gibt es denn niemanden,
der mich liebt?"
„Nicht den kurzen Weg nehm ich,
den langen, den umständlichen nehm ich.

Es ist so schön, zu ihr zu gehen, aber bei ihr anzukommen
– grausam.
Dann schaut sie mich an – sagt einfach nur -
was willst du?
Was willst du, sagt sie – das weht mir die Worte aus dem
Mund.
Also geh ich den langen Weg.
Am besten nie ankommen."

So ist ihm ums Herz, doch nichts kann ihn aufhalten.
Er geht zu Luna.
Luna sitzt auf einer Mondsichel und spielt Gitarre, sie spielt
sehr schön, verführerisch schön.
Unter ihrer Mondsichel schläft ein Drache, der gehört ihr.
Der gehört ihr so ganz und gar, dass er selber nichts mehr ist
und alles für sie tut.
Langemann stellt sich unter ihren Mond und wartet, bis
Luna ihn beachtet.
Ohne ihr Gitarrenspiel zu unterbrechen fragt sie:
„Was willst du?"
Langemann antwortet:
„Nichts ....
du spielst so schön Gitarre."
Luna legt sich in ihren Mond hinein, wie in eine Hängematte,
ihre Gitarre hängt sie über die Spitze der Mondsichel:
„Was redest du, willst du mich langweilen?"
Langemann:
„Nein"

Luna:

„So – dann geh doch,

oder

bist du doch wegen mir da?

Was stehst du so rum und schaust und sagst nichts?

Wenn du nicht wegen mir da bist, dann kannst du ja gehen.

Was willst du?

Willst du mich küssen?"

Als wäre die Erlösung über ihn geschüttet worden, platzt er
heraus:

„Ja."

Luna richtet sich auf und senkt sich mit ihrem Mond auf
seine Höhe herab, dann schaut sie ihn an, so wie sie weiß,
dass sie ihn anschauen muss:

„Dann küss mich doch endlich,

hier her – hier darfst du."

Und sie legt ihren Zeigefinger auf ihre rechte Wange.

Langemann küsst sie vorsichtig auf ihre rechte Wange.

Er hat sie kaum berührt und sie erhebt sich mit ihrem Mond
wieder über ihn:

„Und jetzt geh."

Langemann steht nur da:

„Ich kann nicht."

Luna wird nun böse:

„Geh, geh und mach was aus dir, das mich unterhält."

Langemann steht nur da.

Luna:

„Geh oder ich ruf um Hilfe."

Langemann steht nur da.

Luna weiß genau, was sie jetzt tut, gelangweilt ruft sie:

„Hilfe

Hilfe

Rette mich."

Der Drache kommt unter ihrer Mondsichel heraus gekrochen und schluckt den Langemann.

Ein kleiner Chor von Nachtigallen kommt aus den Bäumen heraus geflogen, setzt sich auf einen Ast und schaut dem Drachen zu, wie er den Langemann schluckt.

Die Nachtigallen zwitschern:

„Der Langemann, der Langemann,

Der ist so schön und elegant,

Über den Wipfeln, bei der Ruh,

Über den Wipfeln, bei der Ruh,

Was hört er auch den Bäumen zu,

Den rauschigen, lauschigen Bäumen zu,

Und singt sein La Le Lu,

Für die Luna, die dumme Kuh,

Im Drachen hat er nun Ruh,

Der macht sein Maul jetzt zu,

Und macht sein Maul jetzt zu."

Vier dumme Nachtigallen, die sich ihr Maul zerreißen.

Wiederholung

Da sie sich schon alles gesagt hatten, konnte alles weitere, was sie sich zu sagen gehabt hätten, nur noch Wiederholung sein.

Das war kein menschliches Problem, das war ein rein mathematisches Problem.

Wo nichts Neues dazu kommt, kann nichts Neues verhandelt werden.

Draußen die Welt, wie zugesperrt.

Innen die Welt reinste Wiederholung.

Aber deswegen verdarb der Umgang, den sie miteinander haben, nicht, sie waren äußerst höflich zueinander.

Wie zwei Zwetschgen, die alle Jahre wieder auf demselben Ast erblühen und dann abfallen.

Viel hatten sie sich nicht zu sagen, aber es war ehrlich gemeint.

Sonntag

Dem Hans kommt dieser Sonntag vor, als hätte jemand die Stadt wie ein abgestandenes Bier ausgeschüttet.

Und er wäre wie eingetrockneter Schaum am Glas kleben geblieben.

Er schaut durch das Glas auf die Stadt.

Nichts los.

Hans schabt sich vom Glas herunter, geht in die Garage und setzt sich in sein Auto.

Das ist eine gute Idee.

Es ist besser, als auf dem Glas zu kleben.

Er startet sein Auto und fährt los.

Hurra!

Hans liebt sein Auto.

An einem Sonntag wie diesem, mit so einem tollen Auto einfach los zu fahren, das ist die beste Idee.

Hans fährt zu seiner Grete, die lädt er sich ins Auto ein, dann fahren sie zu zweit weiter.

Hans fährt immer schneller und das Tempo verwandelt ihn in einen Maschinisten, der eins mit seiner Maschine ist.

Grete bemerkt das und denkt sich, ich muss mich jetzt auch in etwas verwandeln, sonst sitz ich hier nur doof herum.

Sie verwandelt sich in einen Falken, der schneller fliegen kann, als Hans mit seinem Auto fährt.

Hans bemerkt das sofort.

Er bremst und bleibt beleidigt stehen.

Die beiden sind mitten in einem Wald an einem einsamen Plätzchen gelandet.

Hans will jetzt mit Grete Liebe machen, das findet er gerecht, weil sie ihn so beleidigt hat.

Grete denkt sich, soll er doch, dafür zahlt er im Restaurant.

Hans und Grete steigen wieder ins Auto ein.

Hans verwandelt sich nicht mehr in den Maschinisten, der eins mit seiner Maschine ist, und Grete lässt das mit dem Falken auch sein.

Es macht keinen Sinn mehr.

Hans und Grete gehen noch ins Restaurant und dann ist der Sonntag eh schon vorbei.

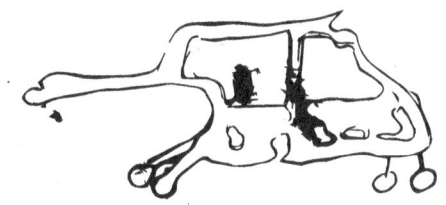

Ein Auto, nach eigenen Plänen gebaut,
innen ist alles randvoll mit der modernsten Technik.

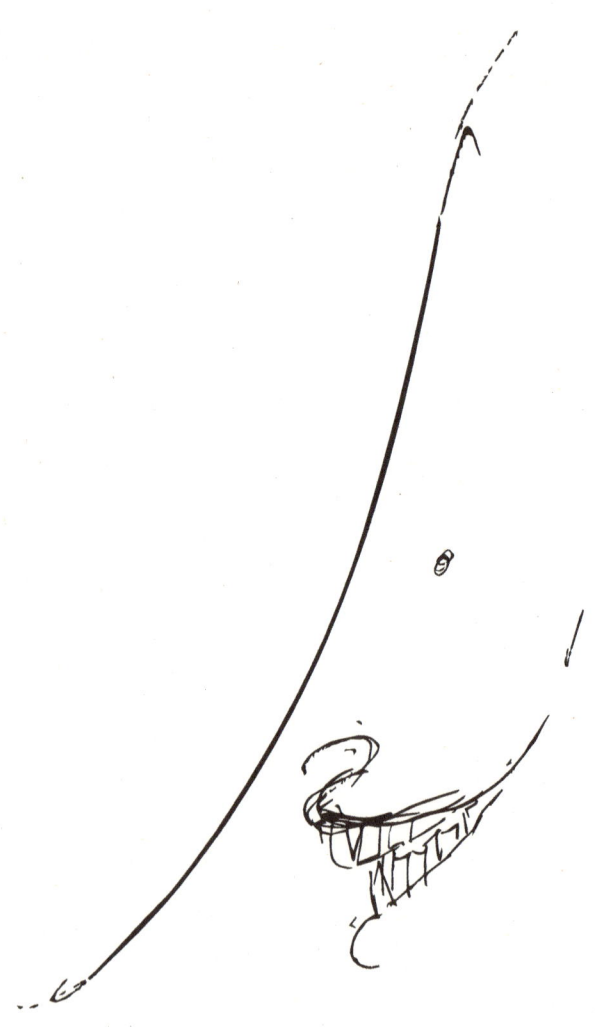

Robinson Crusoe 5

Robinson Crusoe war wieder einmal auf eine Insel gespült worden.

Alle Einheimischen versteckten sich, als sie diesen Fremden an ihrem Strand sahen.

Robinson Crusoe war in einem armseligen Zustand, nur noch Haut und Knochen. Er konnte nicht einmal mehr aufstehen, also blieb er liegen, ohne einen Mucks mehr zu machen.

Da kamen die Einheimischen langsam aus ihrem Versteck und stellten sich rings um Robinson Crusoe und dachten darüber nach, warum er so dünn ist.

Sie kamen auf folgende Lösung:

Je weiter man von seiner Heimat weggeht, desto dünner wird man und der hier muss von sehr weit her kommen.

„Woher kommst du?"

Fragten sie Robinson Crusoe.

„Wir werden dich in deine Heimat zurück bringen, damit du wieder zu Kräften kommst und dicker wirst."

Weil er nichts mehr sagen konnte, deutete Robinson Crusoe aufs Meer hinaus.

Da freuten sich die Einheimischen und frohen Herzens warfen sie ihn im hohen Bogen weit ins Meer hinaus.

Sie lachten und riefen ihm zu:

„Lass es dir gut gehen in deiner Heimat!"

Robinson Crusoe war das alles sehr peinlich, er sprach nie darüber und hat auch in seinem Buch nichts davon erwähnt.

5. Gruppe

immer voran!

Die neue Welt

Früher lebten alle in der alten Welt.

Dann kam eine neue Zeit und ein Teil der Bewohner der alten Welt sagte, wir folgen nun der neuen Zeit, wir gehen.

Die anderen mussten dann eben in der alten Zeit bleiben.

Die Verfolger der neuen Zeit segelten übers Meer, in ein fernes Land und nannten sich dort die neue Welt.

In ihrer neuen Welt machten sie lauter dumme und barbarische Sachen.

Die von der alten Welt sagten, wie seid ihr dumm und barbarisch!

Die von der neuen Welt sagten, macht nichts, wir sind die Zukunft, und sie waren nicht mehr zu stoppen.

Die alte Welt verurteilte so eine Lebensweise.

Und dennoch und trotzdem und weswegen?

Die alte Welt machte der neuen Welt alles nach.

Das Neue ist dumm, das Alte noch dümmer oder umgekehrt.

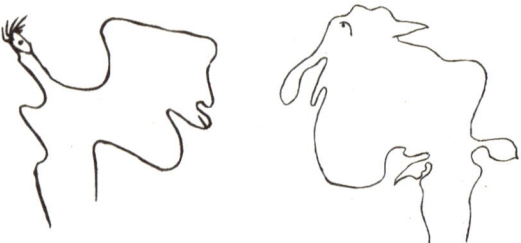

Die einen schauen vor, die anderen zurück.

172

mutig

Als die Erde noch eine Scheibe war, da gab es mutige, die wagten sich bis zum Rand der Erdscheibe.

Dort angelangt, legten sie sich vorsichtig auf ihren Bauch und blickten über den Rand in die Tiefe und auf die andere Seite.

Da bemerkten sie, dass dort genau dasselbe geschah.

Einige gingen verwirrt zurück und erzählten Abenteuer von Seeschlangen und Ungeheuern.

Die Anderen wussten, dass sie Bauch auf Bauch, Stirn an Stirn mit jemandem lagen.

Aber mit wem?

Auch sie erzählten Abenteuer von Seeschlangen und Ungeheuern.

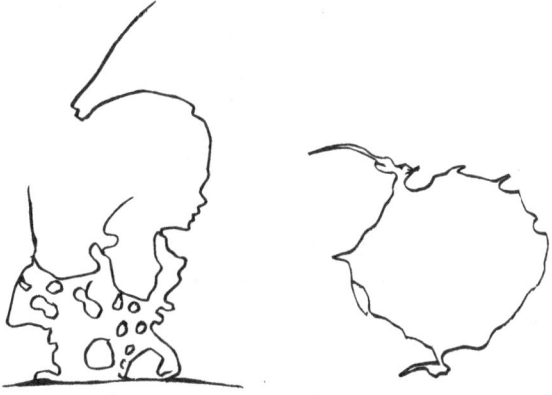

Ein viel zu dicker Vogel begehrt Einlass in meinen Traum, doch wird er von meinem Unterbewussten zurück geschlagen. Puhh, Glück gehabt!

Vater und Sohn – Geborgenheit.

im Blut

Im Blut lebt ein kleiner Flussgott, das ist der Herr der Lust.

Er schwimmt in eurem Blut und einmal am Tag kommt er in euer Herz.

Dort gefällt es ihm gut, es ist für ihn wie in einer Badewanne, und wenn er den Stoppel zieht, dann schießt euch das Blut mit einem Schwall durch die Adern.

In solchen Momenten könntet ihr in diesem Schwall Blut die Wünsche des kleinen Flussgotts lesen.

Was, ihr könnt euer Blut nicht lesen?

Ach, wie würde es euch glücklich machen, ihm seine Wünsche zu erfüllen.

Ticken

Das Ticken der Uhren ist das Aufschlagen der Sekunden in der Vergangenheit.

Irgendwer pflückt Sekunde für Sekunde aus der Uhr heraus und wirft sie durch ein Loch in einen Sack, wo sie dann mit einem „Tick" aufschlagen.

Die armen Sekunden finden dann nicht mehr zu uns zurück, wir auch nicht mehr zu ihnen.

Dieser Sekundenpflücker hat sich an den Sekunden vergangen, deshalb heißt es auch Vergangenheit.

All diese Sekunden bleiben in diesem Sack liegen, wer ihn wegräumt, wenn er voll ist, das weiß ich nicht genau, ich vermute, es ist der Winter.

Ich glaub, der tut sich da am leichtesten.

Man hat jetzt Uhren erfunden, die man nicht mehr hört, damit man nicht von diesem Tick Tick aus der Vergangenheit belästigt wird. – kann ich gut verstehen.

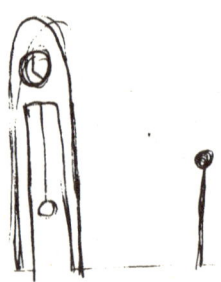

Ein Standpunkt diskutiert mit einer Standuhr über die heutige Zeit.

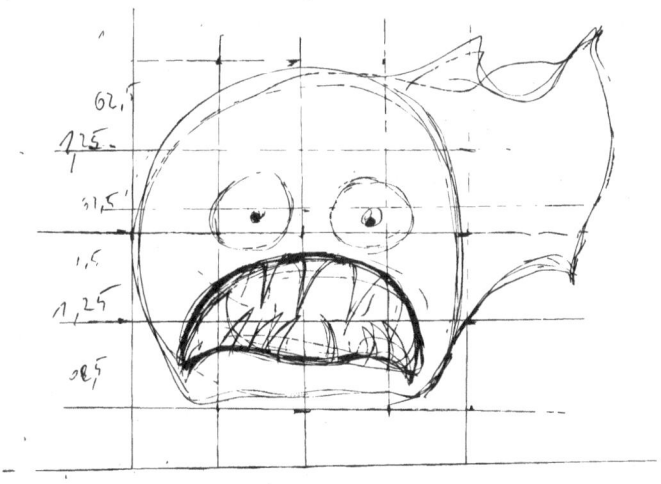

Konstruktion eines Monsters.

Alle gehen
Von einem der bleibt.

Welche Atmosphäre beherrscht das Geschehen?
Wir befinden uns in einer entspannten Endzeit.

An welchen Ort befinden wir uns?
In einer kleinen Stadt am Meer mit einem netten Strand.
Das Meer schwappt hin und her, aber nicht zu sehr.
Wir sind sicher.
Das Meer macht im Wesentlichen nichts Unerwartetes.
Noch nicht.
Es bleibt im Nassen, wir im Trockenen.

Die Monster

Vor kurzem sind etliche Monster hier gestrandet.

Man hat den Eindruck sie atmen, ganz schwer und langsam.

Es ist aber nur ein Eindruck.

Reglose, riesengroße Körper seltsamer Wesen.

Niemand weiß etwas über sie oder weiß, woher sie kommen.

Man will mit ihnen nichts zu tun haben.

Vielleicht ist es der Leviathan, der mit ein paar Kumpanen hier gestrandet ist.

Ist es ihnen zu blöd geworden, verborgen im tiefen Meer zu bleiben?

Sind sie beleidigt, weil es der Welt ganz egal ist, ob es das Böse gibt oder nicht?

Und hatte hier der Leviathan ein letztes Mal gestöhnt:

„Ich mag nicht mehr."

Und sich dann auf den Strand gelegt, um zu verenden.

Wir alle haben nicht hingehört und so verließ er uns.

Diese Monster sind wie große, vergessene Brocken, an die wir uns nicht mehr erinnern wollen.

Ihre Gesichter haben sie vermutlich in den Sand eingegraben, man weiß gar nicht, wo vorne und hinten ist.

Man könnte glauben, sie reden.

Manchmal hört man in ihrer Nähe seltsame Sätze. Aber vielleicht haben sie einfach nur Wasser im Bauch, das hin und her blubbert und sich wie ein Gebrabbel anhört.

Die Stadt

Die Meisten haben die kleine Stadt mit dem netten Strand schon verlassen. Nicht wegen der Monster, die kamen erst später dazu. Es ist wegen der Krise, die sich jetzt überall breit macht.

Hier ist die Krise schon länger.

In dieser Stadt wird keiner mehr eine gesicherte Zukunft haben.

Nur noch wenige sind geblieben und die wollen jetzt auch gehen.

Die Leute packen schlampig ihre Habseligkeiten zusammen. Sie sind ihnen nicht mehr viel wert, alles ist durcheinander geraten, das stört aber niemanden, man hat sich daran gewöhnt.

Manche suchen noch nach Amtspersonen, weil sie irgendwelche Besitzansprüche geltend machen möchten, bevor sie gehen.

Das ist sinnlos, Amtspersonen sind schon längst keine mehr da.

Andere wiederum müssen wegen irgendwelcher behördlichen Verfügungen ihre Häuser verlassen. Diese Verfügungen wurden abgeschickt, als es noch Ämter gab und kommen jetzt erst an.

Es ist alles widersinnig, macht aber nicht viel aus, weil sowieso alle gehen werden.

Hier ist alles wertlos.

Alle gehen.

Es herrscht keine Aufregung.

Wir befinden uns in einer entspannten Endzeit.

Forscher – Badeurlauber – Leuchtturmwärter – Omnibuschauffeur

Forscher sind gekommen zur Untersuchung der Monster.

Sie werden die Monster nicht vom Strand weg bekommen, dazu fehlen ihnen die Mittel. Wer ihre Untersuchungen beauftragt hat oder an den Ergebnissen interessiert ist, das wissen wir nicht.

Der allerletzte Badeurlauber ist immer noch nicht abgereist. Er hat pauschal bezahlt und will sein Geld nicht umsonst ausgegeben haben.

Er spaziert allein an der Strandpromenade entlang.

Sein Badeurlaub ist bisher nicht so verlaufen, wie er sich das vorgestellt hatte.

Der Leuchtturmwärter ist eine Plage. Er ist der einzige, der seine Aufgabe noch ernst nimmt.

Blöder Wichtigtuer.

Er soll die Leute vom Strand entfernt halten, damit die Forscher die Monster ungestört untersuchen können. Es sind ja keine Amtspersonen mehr hier und daher hat er so etwas wie eine offizielle Funktion übernommen.

Er ist nur Leuchtturmwärter, zieht aber immer eine Jacke mit Streifen an.

Das schaut bedeutender aus, als die Wollpullover, die man gewöhnlich hier trägt.

Der Omnibuschauffeur ist ein fescher, immer gut aufgelegter junger Mann. Um hier weg zukommen, scheinen alle ihr Herz verpfändet zu haben.

Wohin sie gehen und was dort geschehen soll, weiß niemand.

Sie hätten ihre Herzen nicht verpfänden müssen, es ist leicht, von hier weg zu kommen.

Der Omnibus ist jetzt für alle gratis.

Er ist nach wie vor pünktlich und fährt verlässlich ab.

Niemand weiß genau wohin, außer dem Omnibuschauffeur.

Wer ist denn jetzt noch hier?

Einige wenige Einwohner, die nur noch auf ihre Abreise warten, die Monster, die Forscher, der allerletzte Badeurlauber, der Leuchtturmwärter und
der Omnibuschauffeur.

Am Strand

Die Forscher untersuchen die Monster.

Sie tragen Schutzbrillen und eine dicke weiße Arbeitsschürze, die bis zum Boden reicht.

Jeder von ihnen hat ein langes Messer.

Keiner hat sich bisher getraut, in eines der Monster hinein zu stechen.

Sie tasten die Oberflächen der Monster ab, schaben daran herum und sammeln den Abrieb in kleinen Säckchen.

Die Forscher unterhalten sich.

Forscher 1:

„Einiges deutet darauf hin, dass sie mineralisch und nicht organisch sind.

Das Weiche an ihnen spricht für eine organische Abstammung, aber es könnte doch ein bisher unbekanntes schwammiges Tiefseegestein sein."

Forscher 2:

„Es sind Organismen, aber dass sie Töne oder irgendwelche Botschaften von sich geben, ist ein Blödsinn, dumme Gerüchte.

Jetzt sind wir schon seit Tagen hier und haben noch keinen einzigen Ton gehört."

Forscher 3:

„Das denk ich auch."

Forscher 2:

„Unsere Ergebnisse sind sehr einheitlich, es gibt kaum Unterschiede in unseren Untersuchungen."

Forscher 1:

„Unsere Messungen entsprechen ziemlich genau den Modellen und Ideen, die wir zuvor berechnet haben."

Forscher 3:

„Da sind wir uns einig."

Einer der Forscher, der sich bisher nicht an dem Gespräch beteiligt hat und sein Monster weiter untersuchte, unterbricht das Gespräch:

„Hört ihr das?

Es klingt wie ein Klagen, für das man keine Worte finden kann.

Wie ein leises Aufstöhnen von einem, der sich sehr belästigt fühlt.

Hört ihr das nicht?"

Die Forscher antworten:

„Nein, was meinst du?"

Hörender Forscher:

„Dieses Monster hat zu mir gesprochen."

Forscher 1:

„Was sagt es denn?"

Hörender Forscher:

„Es will wissen, was wir hier suchen."

Forscher 2:

„Wir können unsere Arbeit nur dann fortsetzen, wenn wir uns von diesen emotionalen Ereignissen frei machen, und diese Töne oder Stimmen sind nur emotionale Ereignisse, sie können nicht real sein, sonst müssten wir alle sie hören."

Forscher 3:

„Das denk ich auch."

Forscher 2:

„Wir hatten noch nie mit solchen riesigen Körpern aus dem Meer zu tun.

Solch ein Erstkontakt ist aufregend und berührt unser Gemüt.

Aber wir dürfen uns davon nicht beeindrucken lassen.

Wir müssen weiter machen."

Der hörende Forscher stoppt seine Arbeit, zieht seine dicke Arbeitsschürze aus, lässt sie fallen und legt das Messer auf die Schürze.

Er verlässt den Strand, geht zur Omnibushaltestelle und wartet auf den nächsten Bus.

Seine Mitforscher scheint das nicht zu stören, sie nicken sich stumm zu, so als wollten sie sagen, wenn einer so daher redet, ist es auch gut, wenn er geht.

Der Leuchtturmwärter kommt von der Strandpromenade zu den Monstern herunter und stellt sich zu den Forschern. Er sagt nichts, steht nur da wie eine stumme Aufforderung.
Sie sollen nicht herum reden und mit der Arbeit weiter machen.
Der Leuchtturmwärter ist kein Freund von unnützen Gesprächen.
Wo immer er auftaucht, verbreitet er eine miese Stimmung.
Der Leuchtturmwärter beobachtet weiterhin die Forscher.
Die Forscher fühlen sich belästigt, beenden ihr Gespräch und arbeiten weiter.
Der Leuchtturmwärter nickt und setzt seine Runde fort.
Er hat den allerletzten Badeurlauber gar nicht bemerkt, sonst hätte er ihm den Aufenthalt am Strand sicher gleich verboten.
Es ist ein herrlicher, sonniger Tag, perfektes Badewetter, aber es herrscht allgemeines Badeverbot.
Der allerletzte Badeurlauber taucht in die bizarren Schatten der Monster ein und wieder aus, bleibt stehen und betrachtet das Meer.

Wie ein Seufzer bricht es aus ihm heraus:
„Ach wär doch nur ein Regentag,
Ein Mistwetter sollte es sein,

Denn mit so einem Sonnenschein,
Möcht man doch nur glücklich sein.

Ein Glück, ein Glück, wer will ein Glück,
Das wollen doch nur die Glücklichen
Die Traurigen, die Traurigen,
Die wollen am Tag nur Regen
Und in der Nacht einen Stich ins Herz."

Vielleicht könnte das ein gefühlvoller Schlager werden, aber sicher nicht hier.

Hier gehen alle, hier braucht niemand mehr gefühlvolle Schlager.

Dem allerletzten Badeurlauber sind in seinem Leben noch nie solche Zeilen eingefallen und jetzt, neben einem dieser Monster, fällt ihm so was ein?

Das irritiert ihn und zugleich ist er auch stolz auf sich.

Er geht weiter und hört eine Stimme, obwohl niemand da ist.

So etwas hat er bisher auch noch nie erlebt.

„Für alle die nicht reiten, was hat das Pferd für einen Sinn?
Für alle die nicht pfeifen, was pfeift der Wind so vor sich hin?
Für alle die nicht sitzen, die brauchen keinen Stuhl.
Für alle die nicht ......
Alle
Alle
Alle

Alle
Alle ....“

Und jetzt ist nichts mehr zu hören.

Der allerletzte Badeurlauber steht neben einem der Monster, es bewegt sich nicht. Es hat sich davor nicht bewegt und bewegt sich noch immer nicht.

Es kommt ihm aber vor, als würde das Monster sich absichtlich nicht bewegen, als wäre es absichtlich still, damit er nicht bemerkt, dass es spricht.

Unsicher darüber, was das nun wieder soll, verlässt der allerletzte Badeurlauber den Strand.

Bisher war sein Badeurlaub echt beschissen.

Er geht durch die Stadt.

Kein Geschäft hat offen, kein Auto fährt herum, kein Fußgänger ist zu sehen.

Durch ein offenes Fenster hört er einen Radio.

Diesem Radio hört sicher niemand mehr zu.

Die Omnibushaltestelle

Pünktlich wie immer fährt der Omnibus in seine Haltestelle ein.

Niemand steigt aus.

Einige steigen ein.

Einige bleiben noch da.

Sie verabschieden sich mit einem Achselzucken.

Der Forscher, der ein Monster gehört hat, steigt ein.

Er grüßt nicht, steigt nur ein und setzt sich auf einen freien Platz.

Der allerletzte Badeurlauber geht an der Haltestelle vorbei.

Der Omnibuschauffeur, dieser fesche, aufgeweckte Kerl, fragt den allerletzten Badeurlauber.

„Na, wollen sie mit?"

Der allerletzte Badeurlauber ist empört:

„Ich habe im Voraus bezahlt und nun bleibe ich auch solange, wie ich bezahlt habe."

Der Badeurlauber entfernt sich schnell von der Haltestelle.

Es sind noch einige Minuten bis zur Abfahrt, der Omnibuschauffeur kurbelt das Fenster herunter und legt seinen Unterarm auf die Wagentüre.

Und weil er bei diesen Wartereien an der Haltestelle immer ins Philosophieren gerät, fängt er mit den Leuten an der Haltestelle zu reden an.

Er weiß, sie werden auch bald bei ihm einsteigen, weil auch sie gehen werden:

„Wissen Sie, meine Busfahrten sind wie eine Welle.

Keine ganze, sie sind vielmehr eine halbe Welle.

Eine Welle, das ist so: Das Wasser kommt und das Wasser geht. Meine Busfahrten sind nur noch wie Wasser, das geht. Ich bin sozusagen ein Surfer auf einer halben Welle.

Wellen sind die Busse des Meeres, die befördern dort alles hin und her."

Der Omnibuschauffeur lacht über diesen gelungenen Scherz. Niemand lacht mit ihm.

Die, die noch nicht fahren, die vielleicht morgen fahren werden, glotzen ihn nur an, dann gehen sie.

Die Leute im Bus hören ihm auch nicht zu.

Aber weil er so prächtiger Laune ist, macht ihm das nichts aus.

Der Omnibuschauffeur dreht sich um, schaut in seinen halb besetzten Bus und macht seine Ansage:

„Meine Damen und Herren, los gehts."

Niemand steht mehr an der Haltestelle.

Der Bus fährt los und qualmt hinten eine große Wolke raus.

In dieser Qualmwolke kann man ganz deutlich eine Person erkennen.

Diese Qualmsperson setzt sich in den Qualm hinein, wie in ein gemütliches Sofa.

Die Arme hinter dem Kopf verschränkt, lächelt sie und sagt: „Was solls."

Dann löst sie sich in nichts auf.

Was meint die Qualmsperson damit, dass es egal ist, wenn alles zu Ende geht?

Tauchen hier schon die Gleichgültigkeitsgeister auf, die uns den Untergang erträglicher machen sollen?

Das Strandcafé

Ein paar kaputte Liegestühle, einige Plastiksessel, Tische, Sonnenschirme, eine Bar im Freien, auf einer mit Natursteinen gepflasterten, großen Terrasse.

Weiter hinten ein rund gebauter Kiosk, er hat ein rotes Kuppeldach mit weißen Punkten darauf. Der Kiosk schaut aus wie ein Fliegenpilz.

Alles ist verlassen.

Der Kühlschrank läuft noch.

Wieso läuft der Kühlschrank noch?

Es sind noch Getränke im Kühlschrank.

Die Forscher machen eine Pause und setzen sich mit ihren dicken Schürzen ins Strandcafé.

Bier ist noch im Kühlschrank, auch Mineralwasser und Limonaden.

Die Forscher nehmen Bier.

Forscher 1:

„Manche Organismen halten einen Winterschlaf. Da stellen die alles ab. Die können sich sozusagen einfach ausknipsen und wenn der Winter vorbei ist, knipsen sie sich wieder ein, stehen auf und fressen sich voll."

Forscher 2:

„Du meinst, die Monster pennen hier nur so rum?"

Forscher 3:

„Wenn kein Leben festzustellen ist, ist eben keines da. So einfach ist das."

Forscher 1:

„War ja nur eine Idee."

Forscher 3:

„Tot ist tot.

Wir sollten Sprengstoff anfordern und sie in die Luft jagen, anders bekommt man diese Monster hier nicht weg."

Forscher 1:

„Wer soll dir da noch Sprengstoff bringen, hier kommt niemand mehr her."

Die Forscher unterbrechen ihre Unterhaltung, sie sagen nichts mehr und trinken ihr Bier.

Der allerletzte Badeurlauber kommt zum Strandcafé.

Die Möglichkeiten seiner Freizeitgestaltung sind gering.

Er sieht die Forscher und fragt sie:

„Habt ihr schon was rausgefunden?"

Die Forscher:

„Nein."

Der allerletzte Badeurlauber bleibt stehen und wartet, ob das Gespräch noch weiter geht, aber es geht nicht weiter.

Er holt sich auch ein Bier aus dem Kühlschrank und setzt sich zu den Forschern.

Der allerletzte Badeurlauber:

„Ich habe diese Reise als Pauschalreise gebucht, sie war sehr billig, last minute, wissen sie, da findet man oft sehr günstige Sachen."

Niemand sagt was.

An der Bushaltestelle

Der Omnibus fährt wieder ein.

Ein einziger Fahrgast wartet, der Omnibuschauffeur fragt ihn:

„Sind Sie der Einzige?"
Fahrgast:
„Es sind schon noch welche in der Stadt, aber ich weiß nicht, wie lange die noch brauchen. Können wir trotzdem fahren?"
Omnibuschauffeur:
„Klar, ich bin pünktlich."

Der Omnibus fährt mit einem Fahrgast wieder los. Hinten qualmt er wieder eine Wolke raus, die Qualmsperson erscheint, macht sichs auf ihrem Qualmsofa bequem und sagt:
„Wenn alle gehen, dann wirds bequem,
weil nicht mehr viel im Weg rum stehen."
Lacht und löst sich auf.

Jetzt kommt noch einer zur Bushaltestelle gerannt, er will so schnell wie möglich weg von hier, sieht aber nur noch, wie der Bus abfährt. Er brüllt ihm nach, doch der Chauffeur hört ihn nicht und fährt weiter.
Das ärgert den Mann und er flucht.
Der Leuchtturmwärter, der auf seiner Runde zur Bushaltestelle gekommen ist, geht zu ihm:
„Lassen Sie die Flucherei, der Bus kommt doch wieder."

Der Mann war Lehrer in der Stadt und weiß, dass die Leuchttürme immer nur mit ungelernten Hilfsarbeitern besetzt wurden, wütend beschimpft er den Leuchtturmwärter:
„Sie haben mir gar nichts zu sagen.
Kümmern Sie sich um ihren eigenen Dreck!"

191

Der Leuchtturmwärter versucht, zu beruhigen:
„Aber schauen Sie, einer muss sich doch hier noch umschauen,
mehr mach ich doch nicht."
Der Mann sagt im weggehen:
„Leck mich."
Der Leuchtturmwärter:
„Ich mein ja nur, ich schau mich doch nur um."

Wieder am Strand

Die Forscher machen mit ihren Untersuchungen weiter, sie
haben sich entschlossen, in die Monster hinein zu stechen.
Mit ihren langen Untersuchungsmessern stechen sie auf ein
Zeichen gemeinsam in die Monster hinein.
Alles wird still, selbst das Meer ist nicht mehr zu hören.
Eine andächtige Stimmung macht sich breit.
Die Forscher schrecken zurück und ziehen ihre Messer aus
den Körpern.
Aus den Löchern zieht ein zarter Wind.
Ein Gemurmel ist daraus zu hören:
„Ihr werdet nichts finden.
Ihr werdet nichts finden.
....................."

Die Forscher möchten diese andächtige Stimmung beenden
und stechen noch einmal mit ihren Untersuchungsmessern
in die Monster hinein.
Es kommt kein Blut heraus.

Es ist, als wollten die Monster ihr Blut für sich behalten.

Kein Blut soll mehr fließen.

Die Forscher sind sich einig, sie haben nichts gehört.

Sie sind emotional stabil und immun gegen andächtige Stimmungen oder Stimmen, die aus Monstern kommen.

Der allerletzte Badeurlauber hat den Kühlschrank vom Strandcafé schon fast geleert, egal ob Bier oder Limo.

Der Leuchtturmwärter sieht das gar nicht gern.

Was soll er tun, es ist nicht sein Kühlschrank.

Er verlässt das Strandcafé.

Bei der Omnibushaltestelle

Da gehts jetzt zu.

Die letzten Einheimischen reisen nun ab.

Die Forscher haben ihre Arbeit erledigt und reisen auch ab.

Der allerletzte Badeurlauber, vollkommen besoffen und in der Meinung, die Forscher wären seine Reisegruppe, hat sich ihnen angeschlossen und reist ebenfalls ab.

Das freut den Omnibuschauffeur, dass so viel los ist, er kurbelt das Fenster runter, legt seinen Arm auf die Wagentüre. Er genießt es, dass sein Bus so voll wird.

Er macht seine Ansage:

„Meine Damen und Herren, los gehts."

Von einem der bleibt?

Jetzt ist nur noch der Leuchtturmwärter hier.

Es ist Abend und er geht zum Strand.

Wieso ist eigentlich kein Militär hier, fragt er sich.

Er gibt sich selbst die Antwort.

Der höchste Rang bei unserem Militär ist der Bumerang, jeder Befehl fällt auf dich selbst zurück.

Ich bin hier, das ist alles.

Soll ich auch gehen?

Er geht zwischen den Monstern herum.

Vielleicht werden sich diese Monster einfach in hübsche Felsen verwandeln. Es könnte ja sein, dass so etwas wie eine neue Natur aus diesen Monstern entsteht.

Er ist sehr entspannt.

Es ist Nacht geworden und ein paar Worte ziehen durch seinen Kopf:

Ach wär es immer Nacht,
Und würden alle schlafen,
Wie friedlich wär es dann,
Wär das nicht wunderschön?

Doch wär es immer Nacht,
Und würden alle schlafen,
Vom Frieden hätt ich nichts,
Auch ich hätte alles verschlafen.

Der Leuchtturmwärter bleibt.
Noch.
Wer weiß.

Er ist doch auch nur ein Mensch und kein Monster, dem es nichts ausmacht, sich einfach auf ein paar tausend Jahre irgendwo hinzulegen.

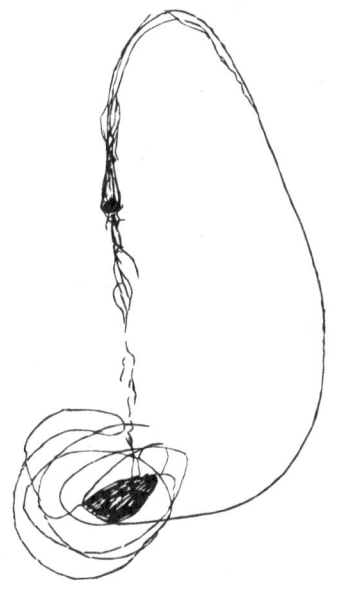

Das Ende spendiert sich einen Schluss.

Danksagung:

Liebe Frau Dwigubski, ohne Ihre Anmerkungen wären meine Anmerkungen nie und nimmermehr entstanden.

Kuss

© Andi Kurz

Christoph Bochdansky

Bühnenbildstudium am Mozarteum Salzburg, anschließend Figuren-
theatercolleg in Bochum (D). Nach Mitarbeit bei verschiedenen Puppen-
spielensembles in Deutschland, Österreich und Holland ist er tätig als
Puppenspieler. Er arbeitet auch als Regisseur, Ausstatter und Puppenbauer
und war Gastdozent an der Musikhochschule Stuttgart Studienzweig Figurentheater und Hochschule Ernst Busch Abt. Puppenspielkunst Berlin.

Seine aktuellen Stücke sind: „der Dämon" (Solo), „im Blut" mit „die
Strottern" Klemens Lendl, David Müller, „Faust – spielen" zusammen mit
Figurentheater Wilde&Vogel und so manches mehr.

Informationen über das Verlagsprogramm und Veranstaltungen
www.verlag-wortreich.at